企業と働く人の コミュニ ケーション

29社の課題に迫る

クロスメディア・コミュニケーションズ株式会社
美奈子・ブレッドスミス

経団連出版

まえがき

　本書は、経団連事業サービス　社内広報センターの会員情報誌『コミュニケーション　シード』で、2020年4月から2023年3月までの3年間に連載した「企業と働く人のコミュニケーションを探る」をまとめたものです。連載時には、2つの想いを込めて取材、執筆をしていました。

　①インターナル・コミュニケーションと企業成長の関係

　1つ目は、戦略的なインターナル・コミュニケーション活動が企業の課題解決や中長期的な成長に寄与することを明らかにすること、というものです。

　ひと口にコミュニケーションといっても、その現象は捉えにくく、それゆえに個々人がその実態に対して異なる認識や見解を持っていることが少なくありません。例えば、ある組織の経営トップが「このようなトラブルが起きたのは、社内のコミュニケーションの問題だ」と発言したとします。しかしその発言だけでは、具体的に誰と誰の、どのようなコミュニケーションに、どのような問題が生じているのか、すぐに説明できる管理職はわずかでしょう。現場の社員たちがそれと同じように問題の原因を捉えているかも分かりません。

　経営層による社内メッセージや不正・不祥事などの記者会見の場などでも、「コミュニケーション」という言葉はしばしば重要な要素であるように語られます。しかし、いざ組織内の課題として取り組もうとした場合には、その実態を組織共通の理解の下で捉えることは難しく、また施策の成果を直接的かつ定量的に測定することも容易ではありません。

　私は2022年に日本広報学会での「VUCA時代における企業価値向上のためのコミュニケーション・サイクルに関する研究」発表に携わりました。その際にも、「これをやったら、こううまくいく」というインターナル・コミ

ュニケーションのあるべき姿や施策をモデル化することは困難であるとつく
づく感じました。とはいえ、インターナル・コミュニケーションの活動に力
を入れている組織は少なくありません。またインターナル・コミュニケーシ
ョンとは銘打っていないものの、より良い職場環境・より良い関係作りに何
らかの施策を講じているところも多数あります。インターナル・コミュニケ
ーションに取り組む動機も組織によってさまざまです。

そのためインターナル・コミュニケーションの有用性を語るには、組織の
取り組みを紹介するのみならず、それぞれが置かれている状況や培われてき
た文化、風土、目下の課題など、組織固有の背景も併せて紹介するのが良い
のではないかと思うに至りました。

本書では、いわゆる成長企業と評され、組織の拡大や改革を進めている企
業や団体を取り上げました。また、読者がより多くの気づきを得られるよう
に、歴史のある企業のみならず、外資系企業やベンチャー企業、大学、病院
など、文化的なバックグラウンドが多様になるようにも配慮しました。

②サステナブルな企業経営と社会の発展

２つ目の想いは、就労者個々人のワークライフバランスに対して、当事者
も雇用者も真摯に取り組むことが産業や社会の発展に不可欠であり、その拠
り所となる情報を提供したいというものです。

わが国では人口減少と労働力の減少が大きな課題となっています。多くの
人に就労が期待されている一方で、就労に専念できない環境にある人が少な
くないことも忘れてはなりません。子育て、介護、自分自身や家族の身体的
精神的な健康上の問題や障害など、みなさんの周りにもこのような私生活で
の困難を抱えている人が見受けられるのではないでしょうか。

私自身、2013年に古巣のクロスメディア・コミュニケーションズに復職
したのは、３人目の子どもが２歳になる頃でした。やっと戻ってくることが
できた歓びと共に「さぁ、やるぞ」と意気込んだものの、子どもはたびたび
感染症にかかり、出社がままならない状況が続きました。そのためもあって
か、私は次第にメンタルヘルスに不調を感じるようになりました。当時の上

司や同僚たちの理解と温かさがなければ、仕事を継続することはできなかったのではないかと思います。

　このような課題に対しては、公的な福祉サービスのさらなる充実を期待するところでもありますが、職場で従業員のワークライフバランスを支援することも、個々人の心身の健康を維持するカギであり、社会という大きな組織を持続可能にマネジメントするという観点でもきわめて重要ではないかと考えています。

　本書で取り上げる事例の中には、育児や介護、治療と仕事の両立といった、従業員が直面する課題に目を向け、就労を継続しやすい環境を整備している組織もありますので、それらの事例を通して当事者の声と経営の考えに触れていただければと思います。

＊

　書籍としてまとめるにあたり、各社に追加取材を行いました。事例各社・団体の中で記載されている登場人物の所属・肩書き等の情報は、初回・追加それぞれの取材時点のものとなります。各社の活動は、近代史に残るであろう新型コロナウイルス感染症の流行というパンデミックの影響を受けており、時間軸と共に記録する必要性を感じました。そのため、本書では連載時の掲載順でまとめています。初回の取材から年数が経過している記事もあるため、追加取材の内容と併せて、各社の取り組みをご高覧ください。

＊

　本書に掲載した企業・団体のインターナル・コミュニケーションの事例は、社内報やイントラネットなどの媒体活用などの文脈で語られる旧来の社内広報活動に限定せず、経営層と従業員両者の課題を起点とし、各社がその解決に向けてどのようなコミュニケーションを行っているかに焦点を当てています。そのため、取材の応対者はインターナル・コミュニケーションを担う部門から推薦いただくことはせず、テーマに応じて適任と思われる方を各社に人選いただきました。

　近年のパンデミックを経験して改めて実感したのは、急な環境変化や難し

い問題に直面した時に、「これはこの部署の仕事じゃない」などの発言を生んでしまうセクショナリズムや、「これまでのやり方があるから…」などの前例踏襲が染みついた風土が組織の変化対応力や機動力を大きく妨げるという点です。組織内の情報流通や信頼関係を向上させる活動の起点は、インターナル・コミュニケーションを担う部署に限りません。どこの部署からはじまってもおかしくありません。

　本書に掲載した各社の事例には、幅広い部署の方々にご協力をいただきました。また、各社の事例は課題にひもづくキーワードが「#」で記されていますので、「うちの会社もこれに悩んでいる」など、読者の方の興味・関心に応じて気軽にページをめくっていただき、みなさまの今後の活動の参考にしていただければ幸いです。

＊

　本書の出版にあたり、掲載企業・団体各社のみなさまには、取材のご承諾から記事のご確認や写真等のご提供まで、多大なるご協力をいただきましたことに心より感謝申し上げます。

　「外部にはなかなか流通しないインターナル・コミュニケーションに関する企業・団体の取り組みをご紹介させていただくことで、各社が学び合うきっかけになれば」という連載企画の趣旨にご賛同いただき、自社の活動や目的について、快くお話しいただきました。ご協力各社の利他の精神がなければ、本書を出版することはおろか、連載企画そのものも成立しませんでした。本書の執筆を通じて、仕事に向き合う使命感や責任感を持った多くの職業人のみなさまと出会えたことは、私のキャリアにおいても財産になったと感じています。

　本書のベースとなっている『コミュニケーション シード』連載記事を書き進めるにあたっては、経団連事業サービス社内広報センターの木本有紀さん、東裕美さんに、企画の相談、毎号の校閲など、幅広くご支援をいただきました。何よりも連載という貴重な機会を頂戴したことに心よりお礼申し上げます。連載当初は、クロスメディア・コミュニケーションズ創業者で、現

在顧問の雨宮和弘とともに取材・執筆を行っていましたが、当社の代表交代を機に、担当を引き継ぎました。雨宮が築き上げてきた信頼関係にも感謝の念を覚えます。

　追加取材にあたっては、当社のメンバーや長く付き合いのあるライターにも協力してもらいました。本業のプロジェクトなどが同時進行する中で、自分ごととして本書出版に関心と熱意を寄せてもらえたことにも感謝の気持ちでいっぱいです。

　「あとがき」を引き受けてくださった社会構想大学院大学の教授で、日本広報学会の理事長である柴山慎一先生には、インターナル・コミュニケーションの現在位置と今後について解説いただきました。その的確かつ本書の事例を理解する上で参考になる内容を寄稿くださったことは身に余る光栄です。ありがとうございました。

　たくさんの方々のご協力がなければ、各社の取り組みを紹介することは、かないませんでした。本書に関わってくださった全ての方々に感謝申し上げます。

＊

　本書執筆中の2024年3月20日に母がこの世を去りました。骨髄異形成症候群の闘病中、私の仕事や健康を気遣い、どちらが見舞っているのか分からないくらい温かい声をかけてくれました。また仕事・執筆・父の送迎などで次第に余裕がなくなる私を支えてくれたのは家族でした。

　未来を良くしたいと願う全ての人に本書を捧げます。

2024年５月
美奈子・ブレッドスミス

目次

まえがき

あとがきに代えて──インターナル・コミュニケーションは組織に従う

装幀──池上幸一

インターナル・コミュニケーション事例

味の素AGF株式会社
株式会社タニタ
AGC株式会社
オイシックス・ラ・大地株式会社
株式会社マザーハウス
株式会社ワークマン
大成建設株式会社
株式会社ディー・エヌ・エー
株式会社ベネッセホールディングス／株式会社ベネッセコーポレーション
株式会社リコー
アクサ生命保険株式会社
アイリスオーヤマ株式会社
ロバート・ウォルターズ・ジャパン株式会社
株式会社ユーグレナ
日立造船株式会社
イケア・ジャパン株式会社
沖縄科学技術大学院大学
サッポロビール株式会社
株式会社技研製作所
いづみ自動車株式会社
株式会社ハピネット
株式会社SmartHR
コニカミノルタ株式会社
株式会社クボタ
野村ホールディングス株式会社
株式会社フジ・リテイリング
株式会社日立製作所
富士通株式会社
鳥取大学医学部附属病院

味の素AGF株式会社

#コロナ禍の対応　#DX

［2020年5月号掲載］

ゼロから1のその先へ

　コーヒーなどの嗜好品飲料メーカーである味の素AGF株式会社は、2020年3月中旬に都内本社で予定していたイベントを、急遽オンラインで開催しました。そこには、2019年12月初旬に中国の武漢市で感染が確認された新型コロナウイルス感染症が、次第に日本国内においても広がりはじめて、社会全体が非常事態に陥る状況下だったことが背景にあります。味の素AGFだけでなく、ちまたでもイベントの中止や延期が相次ぎました。

　対面で実施していたイベントを、オンラインで開催することを決めた味の素AGF。この決断へ至る経緯や、そこで得られた学び、思わぬ発見があったことなどについて、リテールビジネス部広告・調査グループ長の池田佳奈さんに伺いました。

■中止・延期以外の選択肢として

　味の素AGFは、同社が運営するファンサイトの会員に呼び掛けて、商品開発や工場見学の改善などに意見を反映する取り組みを行っています。今回のイベントはその一環で、子育て世代の声を商品開発に活かすというプロジェクトの、意見交換会の2回目。参加者は1回目と同じメンバーです。

　当該イベント運営担当は広告・調査グループ、企画は商品開発を担当する事業部が主幹事となっています。

　３月に入り、新型コロナウイルスの感染拡大がいよいよ不安視される中、企画元の事業部からは、

「中止になったら、１回目に参加いただいた方々のお気持ちはどうなるのか？」

「延期したら予定日に発売できなくなってしまう」

など、心配や不安の声が上がってきました。

　会社として以前から、このようなイベントに首都圏以外の方も気軽に参加できる方法はないかと検討を進めていたことが功を奏し、これを機にオンラインでの開催に向けて動くこととなりました。

■ツール選びは誰の仕事？

　一般的に、企業でコミュニケーションツールをデジタル化しようとする際、IT担当部門に一任するような傾向がありました。コミュニケーション担当者にとってみれば、聞き慣れない技術的な専門用語が飛び交うため、それを理解しながら導入を検討するのは容易ではありませんでした。内心、「IT担当部門に任せたほうがいい」と思う方も少なくないと思いますが、ツールの選定においてコミュニケーション担当者は大きな役割を担います。それは

◆ ツールを使う人たちにどう使ってほしいか

◆ その結果どのような状態になることが望ましいか

など、コミュニケーションの当事者の姿や感情を思い描くことが効果的な活用のための重要な視点となるからです。当然、技術的な制約や要件も軽視できませんので、その点は社内のIT担当部門と連携をとり、総合的に検討・評価していくことになります。

　味の素AGFでも、これまでの会場は自社の会議室だったため、オンライン上の会場となるプラットフォーム選定は新しいタスクとなりました。広告・調査グループのメンバーは、慣れないオンライン会議のプラットフォーム選びに頭を悩ませたそうですが、オンラインイベントの開催の実績を持つ外部パートナーからの助言を得て、複数の外部サービスを比較・検討したそ

うです。

　池田さんが採用したのは、参加者自身のパソコンやスマートフォンにアプリケーションをダウンロードするような仕様を避け、URLをクリックするだけでオンライン会議に参加できるような、シンプルな仕様のサービスです。イベント運営担当者が参加者に手間をかけさせないよう配慮したことがうかがえます。こうしたシンプルさに配慮したことが、結果として同社のシステム面にも負担をかけないものであることが分かり、IT担当部門からも利用の許可がスムーズに出されたといいます。

■リアルとオンラインの違い

　このイベントは、対面での開催とオンラインでの開催とで、どのような違いがあったのでしょうか。池田さんは、これまでの意見交換会は2時間程度の所要時間だったものの、「初めてのオンラインでの開催に参加される方が戸惑うかもしれない」と、進行を効率化し、従来の半分である1時間に設定したと教えてくれました。また、対面で開催した1回目の意見交換会で「参加された方が満遍なく発言できるように」とファシリテーションを行った経験を活かし、2回目となるオンライン開催でも同様に進行したとのことでした。

　配布資料に関しては、対面開催では参加者の手元に配られますが、オンラインでは画面に会議資料が映し出され、プレゼンテーション形式で説明が行われます。「オンラインで資料の説明をする場合は、手元の資料を見返すことができないため、一つのスライドの情報量を絞り、口頭で解説する内容の要点がつかみやすいようにしたり、質疑を受けるタイミングを小まめに挟んだりして、不便さを取り除く必要があった」と、池田さんは次回に向け改善する意欲を語りました。

■新しい発見から次への挑戦へ

　コロナ禍という予期せぬ事態に見舞われる中でファンサイト会員の意見交

オンラインで実施された「あなたの欲しい▶
を形に! 味の素AGF商品開発プロジェ
クト」の様子

換会をオンラインで開催するということは、味の素AGFにとって初めての
試みでした。企画した事業部も運営担当の広告・調査グループも、不安がな
かったわけではありません。しかし、準備を整え挑戦した先には、思いがけ
ない発見がたくさんあったと言います。

　一番の発見は、参加された方々のメリットが大きかったということ。本社
で行われた1回目の意見交換会の時よりも、自宅からアクセスした参加者は、
リラックスした雰囲気でお話しされている印象だったそうです。

　「特に子育て世代の方を対象としている企画だったため、子育て中のリラ
ックスタイムについて意見を伺った際にも、ご自宅でその情景を思い浮かべ
ているようなリアルな意見が出された」とその時のことを教えてくれました。

　実際に参加者からは

　「会場に行く時間が省けたので、参加しやすかった」

　「いろいろなイベントが中止になる中で開催してくれて良かった」

　「1回目にお会いした方々とまた会えてうれしかった」

などのポジティブな声が寄せられ、池田さんは「とにかくやって良かった」
と今回の意見交換会を振り返っていました。

　これ以外の、中止や延期になっているイベントについても、オンラインを
活用して、実現できる可能性を今後も探っていきたいと前向きな様子です。

　グループに分かれてアイデアをカタチにしていくワークショップ形式のイ
ベントについても、「今後オンラインで開催できる手立てを模索していきた

い」と想いを語ってくれました。

■副次効果

　味の素グループはもともと、テレワークなどの働き方改革にグループ全体で積極的に取り組んでいましたが、新型コロナウイルス感染拡大防止の取り組みと共に、テレワークはさらに加速しているとのことです。

　今回、社外とのイベントをオンラインで実施したことで、広告・調査グループ内でも「もっと気軽にオンライン会議を進めていこう」という声が上がっていると教えてくれました。

　この記事を執筆するにあたっての取材も、実はオンラインでご協力いただきました。インタビューに同席された広報部の担当者からも、「オンラインでの取材が実現できたので、今後の活動が広がりそうだ」との感想をいただきました。

　これまでになかった新たなものを取り入れるためには、多くのエネルギーを費やします。しかし、結果として得られたものは新しい発見であり、不安を乗り越えイベント開催を実現させた実績は自信となって、さらなるチャレンジを予感させた味の素AGFの取り組みでした。

\Update!/

[2024年2月追加取材]

味の素AGFの現在とこれから

　2020年の取材当時は新型コロナウイルス感染症が流行りはじめた頃で、多くの企業が突然の環境変化に戸惑っている様子でした。そんな状況下において味の素AGFがイベントをオンライン上で開催させたことは大きな成功体験となり、その後の活動に良い影響をもたらしたようです。

　ファンマーケティング推進部の手嶋めいさんは、「オンラインでイベントを開催したことにより参加者が全国に広がったり、小さいお子さんがいらっしゃる方が参加しやすくなったりと反響も大きかった。現在はその目的などに応じて対面かオンラインかを選んだり、組み合わせたりしている。インス

▲ライブ配信でのイベント開催も見慣れた光景となった ▲徳之島のコーヒー農園の様子をライブで記者に説明
している

タグラムなどでのライブ配信やLINEの活用などもコロナ以降にはじめたものだ」と教えてくれました。またコロナ禍の21年7月に情報システム部がDX推進部へと改編したことで、新基幹システムの導入やデジタルツールの使い方に関する情報発信などが強化され、社員のデジタル活用に関する知識が醸成されていると言います。

　さらにオンラインを活用したコミュニケーションは採用活動やマスメディアを対象とした活動にも取り入れられているそうです。

　手嶋さん自身、入社時期がコロナの流行初期であり、新入社員研修が急遽オンライン上での開催に変更となった年に入社されています。当然、人事部にとっても想定外のことで、試行錯誤の連続だったとのこと。ただ人事部が力を入れたのは新入社員の不安解消など精神面のサポートだったようです。「人事部のみなさんには感謝している」と当事者として振り返る手嶋さんは、このオンラインのみで新入社員を迎えた時のきめ細やかなコミュニケーションは、現在の採用活動にも活かされていると語りました。

　またマスメディアとのコミュニケーションの具体例として、23年12月に徳之島で行われた活動を次のように説明してくれました。

　｜味の素AGFのサステナビリティ活動の中に『徳之島コーヒー生産支援プロジェクト』というものがあります。2017年にスタートしたプロジェクトでしたが、その数年後、世界的なパンデミックが発生。入島を控えることになり、活動も思うようにできなくなってしまいました。そうした状況が落ち

着いた23年末、コロンビアから農業技師を招いて、本プロジェクトを一緒に取り組んでいる徳之島コーヒー生産者会に技術指導を実施しました。現地に取材に来たメディアもありましたが、東京の本社でメディア向けに徳之島からライブでつなぎ、コーヒーノキの生育状況や設備などを配信しました。コロナ前に現地に来たことのあるメディアの方もいたので、『ずいぶんと成長した』と驚いたり、途中で雨が降ってきた様子を見て『雨は大丈夫ですか。島は天気が変わりやすいですね』などの心配する声を掛けてくださったり、現地の臨場感と共に良いコミュニケーションをとることができました」

　味の素AGFがコロナ流行初期に社内で前例のないことにチャレンジしたことは、一時的な緊急対応の側面もありますが、それ以上にその時点で考え得る手段を駆使し、コミュニケーションをとる相手の気持ちに寄り添おうと尽力する姿勢を、社内外の人たちに伝える機会になったのではないでしょうか。

会社概要［2024年4月現在］
設　　　　立：1973年8月1日
代　表　者：代表取締役社長　竹内 秀樹
資　本　金：38億6270万円（味の素グループ100％出資）
従 業 員 数：1182名（グループ会社を含む。2024年4月1日時点）
売　上　高：836億円（2023年3月末時点）
主な事業内容：飲食料品の製造、販売
本 社 所 在 地：東京都渋谷区
企 業 理 念：■Mission（企業理念）
　　　　　　コーヒーをはじめとする嗜好飲料とギフトを通して、「ココロ」と「カラダ」の健康、そして明日のよりよい生活に貢献します。
　　　　　　■Vision（ビジョン）
　　　　　　私たちは、一人ひとりのお客様に、いつでもどこでも、最高のおいしさで一杯の価値を提供する日本発の愛される嗜好飲料メーカーを目指します。
　　　　　　■Ajinomoto Group Creating Shared Value（社会価値と経済価値の共創）
　　　　　　「ココロとカラダの健康」、「人と人とのつながり」、「地球環境との共生」をはじめとするサステナブルな社会の実現を目指し、あらゆるパートナーと共創することで、3Rの提供を通じて事業活動を拡大します。

株式会社タニタ

♯健康経営　♯従業員エンゲージメント

［2020年9月号掲載］

社員の健康への願いがロイヤリティを醸成する

　体重計や体組成計などの健康計測機器の製造・販売を行う株式会社タニタは、近年「健康をはかる」から「健康をつくる」へと事業領域を拡大させています。昨今では、一部の社員が退社して個人事業主となり、タニタと業務委託契約を結ぶという新しい働き方にも挑戦しています。働き方の選択肢が広がった今日、社員が組織に所属する意味やメリットを、企業は見つめ直す時期に来ているのかもしれません。

　2008年の谷田千里氏の社長就任を機に、社員の健康維持・増進に着手したタニタは、独自の健康プログラムを開発し、今日に至るまでの12年間に、社員の意識や行動変容を促す試行錯誤を続けてきました。「どうしたら健康習慣を続けられるか」とユーザー目線で改良を重ねるうちに、この取り組みは社内コミュニケーションの活性化にも貢献することになったと言います。

　企業活動への参画や知見の共有など、社員の行動変容に期待を寄せる社内コミュニケーション担当者は、タニタの活動からヒントを見いだすことができるかもしれません。

■健康を意識する「物差し」を

　健康経営の背景には、国民医療費の増加や少子高齢化による労働人口の減少などの社会問題があり、企業は生産性向上への投資に加えて、社員の健康

維持への投資に注目しはじめています。こうした背景から、健康経営に取り組む企業側の意図は理解できる一方で、社員の心情を推察すれば、会社に健康を管理されるのは抵抗があるのではないかという疑問を持ちながら取材をスタートさせました。この点を取締役でCHO（最高健康責任者）の丹羽隆史さん、ブランディング推進部広報課の横田洋子さんにお話を伺いました。

　「健康な人に健康の良さを訴えても実感を持ってもらえません。健康経営の取り組みをはじめた時は、タニタの社員も同じ状況でした。そもそも健康作りは、食事、運動、休養をバランス良くとり、体の変化を"見える化"することが重要です。その基準の一つとしてよく使われるのが適正体重で、適正範囲に収まると健康でいる確率が高いとされています。ただ、適正範囲に収まるために何をするかは人それぞれ。運動が苦手な人に『運動しましょう』、食にこだわる人に『こういうヘルシーな料理を食べましょう』と言ってもつらいだけ。私たちは社員にやり方を強いることはありません。健康への意識を促す『物差し』を提供しているという考え方です」

　社員の健康が企業の成長に寄与する「健康経営」は、タニタにとって会社と社員のコミュニケーションツールだと丹羽さんは断言します。

　「健康経営は、エンゲージメント経営だと私たちは捉えています。社員に健康でい続けてもらうために会社はさまざまな施策を行い、社員やその家族がそれによって健康でいられる。このことは、『会社が自分たちの健康に配慮してくれている』というメッセージとして伝わりますので、単純に業務だけで会社とつながるのではなく、健康というテーマで会社とつながっているということです。このことが会社に対するロイヤリティ向上につながっていると感じています」

　タニタが社員を個人事業主化する取り組みに挑戦する背景には、このロイヤリティへの自信があるのだと感じさせられます。

■社員の行動を変える「太陽」

　「チャンスがあれば気軽に転職できてしまう世の中に変わってきています。

優秀な人ほど外部からの誘いも多い。そんな時に『どうしても』と引き止めようとするのが『北風』。仮に引き止められたとしても、その社員がずっと在籍し続ける可能性は低いのではないでしょうか。そうであれば、社員がその時挑戦してみたいことを応援すればいい。社員と家族の健康というテーマで会社とのつながりができていれば、外の仕事もやりつつ、タニタのことも忘れない。そんな引き付け合う関係ができることを期待しています。そして、外の仕事の経験やノウハウをタニタにも活かして、また一緒に仕事をしようと感じてもらえる。それが『太陽』だと思っています」
と丹羽さんは話します。

　ここで言う「太陽」とは、社員に幸福感やメリットをもたらす施策と捉えることができます。これは、インセンティブという形で健康経営を推進する中でも取り入れられており、社員の健康習慣へのモチベーション向上につながっているようです。

　「08年に健康プログラムをスタートした時には、歩数計を社員に配布し、『歩数をはかってください』という呼び掛けをしました。しかし、たいていは１週間程度使っていれば、自分の平日と休日の活動量が把握できてしまうので、継続して携帯しようというモチベーションが生まれにくかった。トライ＆エラーでいろいろな方法を試した結果、現在は歩数計から活動量計に代わり、社員証としてオフィスへの入退出機能を組み込ませ、出社時に必ず携帯してもらえるようにしました。さらに社内に設置したプロフェッショナル仕様の体組成計や血圧計と連携し、自身の情報が簡単にアップロードできるようにしました。負荷なく社員が自分の健康を管理できる仕組みができ、自分の健康状態を知り、その変化に興味を持つようになったことが、健康への第一歩だと実感しました」

　実際にアップロードされる情報は、個々人の歩数と体組成、血圧といった情報です。

　「これまで研究してきたデータから、健康度が上がる目安は、歩数の多さや体組成計に乗る回数が寄与していることが分かっています。これを目標と

▲デジタルサイネージでチーム別の
歩数ランキングを見ている社員

してもらうために、健康ポイントというインセンティブを付与したり、目標をクリアするためにチームの中で声掛けができるようなコミュニケーションツールがポータルサイトに組み込まれたりしています」

　社員はこのポイントを貯めたり、家族に譲ったりすることができ、貯まったポイントをAmazonや楽天Edy、イオンのWAONなどのポイントに交換し、好きな物を購入することが可能だと言います。

■「つながり」が継続のカギ

　「12年の試行錯誤の中で、個人で健康習慣に取り組むよりも、誰かとつながりがあるほうが、効果が高いことが明らかになった」と横田さんは説明します。家族にポイントを譲ることができる仕組みは、健康に対する関心やモチベーションを高める「つながり」の一例です。

　また、タニタではオフィスの各階や事業所にデジタルサイネージを設置し、ポイント付与期間中は、そこに社員証機能付きの活動量計をタッチさせることで、1日1回ポイントが得られる抽選ができるようになっています。ここにはリアルなコミュニケーションを生む工夫がされており、高ポイントが当たった時は、周囲の同僚たちから感嘆と関心が集まるなど、ここにも「つながり」が生まれています。

　健康への関心・活動と社内コミュニケーションが一体となっている様子から、「健康経営はエンゲージメント経営」と語った丹羽さんの言葉が思い出されます。

　ビジョンに「私たちは、世界の人々が、健康習慣によって自らの可能性を広げ、幸せを感じられる社会を目指します」と掲げるタニタ。社員自らが健康に関心を持ち、実践する環境を磨き上げたことによって、個人としてもタ

ニタの社員としても、この理念の下に自分自身の可能性を広げようとする、そんな未来志向のカルチャーを垣間見ることができました。

\Update!/ タニタの現在とこれから

［2024年1月追加取材］

　前回の取材から約3年半。一番大きく変わった点について取締役の長澤淳也さんは「健康宣言と共に経営に関わる具体的な施策やその目標となる各指標をウェブサイトで公開したこと。現在示している体系的な健康経営の考え方や取り組みに関する全体像は、前回の取材時には未掲載でしたが、取材直後の2020年9月に公開しています」と教えてくれました。タニタでは社員の健康への取り組みを従前から進めていましたが、経済産業省が主導してきた「健康経営優良法人」認定制度の認知が広がったことも追い風となり、認定の評価対象の一つである情報開示を積極的に行うに至ったそうです。

■こころの健康への取り組み

　前回の取材で取り上げたタニタの活動は主に身体的な健康につながるものでしたが、タニタも他社と同様にパンデミックの影響を受け在宅勤務が浸透したことにより、社員の精神的な健康増進にも力を入れることになったようです。

　その施策の一例として、2週間に1度15分間開催されている「シャッフルトーク」が紹介されました。参加対象は全社員で、5〜7人の社員がランダムにグループ分けされて行うオンラインの井戸端会議です。そのテーマはさまざまで「ご飯に合うおかず」「今まで行って一番良かった場所」「コンビニのおすすめ品」など。「シャッフルトーク」がはじまったのは約3年前で、参加した社員からは「今まで話したことがなかった人と話せた」などの良い反応があると言います。またこの取り組みは「こころの健康に貢献する狙いがあります。これまで顔を合わせたことがなかった人や業務上での関わりのない人、遠方の営業所の人などとも交流ができるようになり、気軽に相談で

▲シャッフルトークの様子　　　　　　　▲タニタ本社敷地内の「タニタふれあい農園」

きる関係づくりを目的としています」と教えてくれました。

　さらに社内コミュニケーションの活性化を目的にSNSとして「Slack」を導入。業務に関わる内容から今後のビジネスにつながりそうな雑談的な話題まで手軽に発言でき、絵文字などで気軽に反応できる点が評価されたと言います。

　一般的に社内SNSを導入した企業では世代によってSNSへの親和性の差があることなどから、社内浸透に時間を要することがあります。この課題についてタニタでは各拠点の若手メンバーを中心に普及活動を担う「アンバサダー」を任命し、継続的に「Slack」の利用を促したこと、また4月21日の創業者記念日（タニタでは「コミュニケーションの日」としています）に合わせて行う全社的な研修での取り組みを挙げられました。23年度のこの日は会社のビジョンである「健康づくりを通して世界の人々が『幸せを感じられる』社会をつくっていくこと」をより深く考える日としており、「それぞれの幸せを感じられること」を個人またはチームで考え、その後実際に取り組む活動が行われたそうです。またその活動を通じて感じたことを全員がSlackで投稿することで、コミュニケーションの活性化につなげたとのことです。

　そのほか、メンター制度の充実やボランティア休暇の付与、オンラインボードゲームを通して組織の縦横斜めの交流を促す活動など、「つながり」を強化するさまざまな施策を展開していることが分かりました。

　このように身体的な健康のみならず、こころの健康に対しても積極的に取り組むタニタ。健康を「はかる」から「つくる」へと発展したことについて、長澤さんは「現在は健康総合企業を標榜しています。大切なことは、健康的な生活を習慣化させることです」と語ります。

　長年タニタが取り組んできた「習慣化」のさらなる可能性を探る取り組みも紹介してくれました。それは23年8月1日より東日本電信電話株式会社（NTT東日本）、プランティオ株式会社と共同で開始した「アーバンファーミング事業」で、タニタ本社敷地内に開設したテストフィールド「タニタふれあい農園」での実証実験。農園の利用者が行うアクティビティ（水やりや土寄せ、追肥、間引きなどの農作業）は、体を動かすエクササイズになると考え、農作物を作る喜びや、コミュニティの仲間とつながる楽しさをフックに自然と健康づくりを促す「健康コンテンツ」となることが期待されているようです。

　追加取材を通じて分かったことは、タニタが事業を通じて推進する健康づくりが、その輪を社員個人のみならずより広いコミュニティへと広げながら、健康を身体的なもののみならず健やかな精神や安心感なども含む定義へと深めていっているということでした。

会社概要［2024年4月現在］
設　　　　立：1944年1月（創業1923年12月）
代　表　者：代表取締役社長　谷田　千里
資　本　金：5100万円
従 業 員 数：連結1200名（2024年2月末時点）　単体195名（2024年2月末時点）
本 社 所 在 地：東京都板橋区
主な事業内容：家庭用・業務用計量器（体組成計、ヘルスメーター、クッキングスケール、活動量計、歩数計、塩分計、血圧計、睡眠計、タイマー、温湿度計）などの製造・販売
企 業 理 念：〔ビジョン〕私たちは、世界の人々が健康習慣によって自らの可能性を広げ、幸せを感じられる社会を目指します。
　　　　　　　〔ミッション〕私たちは、新たな視点で様々な領域の健康基準を創造し続けます。
　　　　　　　〔スローガン〕Healthy Habit for Happiness

AGC株式会社

#グローバル・インターナル・コミュニケーション
#インターナル・ブランディング

［2020年10月号掲載］

丁寧な対話が再成長の手掛かりとなる

　「両利きの経営」とは、既存事業の深掘りと新しい事業機会の探索を両立させる経営のことを意味します。提唱者であるスタンフォード大学経営大学院のチャールズ・A・オライリー教授は、著書の中でこれを実践している企業としてAGC株式会社を紹介しています。しかし、AGCの経営陣は当初からこの経営理論を指向したのではなく、試行錯誤の結果、それと合致していた、と言います。そして、そのような外部の評価の裏に、AGCが乗り越えてきた苦しい時期がありました。

　停滞期から再び成長軌道へと歩み始めたAGCは、どのような社内コミュニケーションに取り組んできたのでしょうか。広報・IR部インターナルブランディングチームの石橋賢一チームリーダーと松尾奈津子さんにお話を伺いました。

■停滞期からの脱却に向けた活動

　AGCは2010年、薄型ディスプレーの急速な普及拡大の流れに乗り、過去最高益を記録しました。しかしその後、フラットパネルディスプレーのコモディティ化、新規参入企業の出現などにより、四期連続の減益となりました。15年1月、現CEO（24年現在、取締役兼会長）である島村琢哉氏が社長に就任すると、最初に経営方針「AGC plus」と3つの想い（One Team、

Challenge、人財）が掲げられたそうです。同年にご自身もインターナルブランディングチームに加わったという石橋さんは、当時の状況を振り返り語ります。

「島村が就任した当時、業績が低迷していたので、コストダウンや効率化が求められて閉塞感があり、社内もそれを反映するようなムードでした。かつては挑戦しやすく、『失敗してもいい』という雰囲気がありましたが、この頃は社員の多くが指示待ちの姿勢になっていました。島村はこの点に最も課題認識を持っていました」

会社の存在意義や進むべき方向性を示した、新たな経営方針の理解浸透と同時に、業績、社内ムードともに停滞していた状況を打破しようと、経営企画、広報、人事が連携し、対話の活動をスタートさせたそうです。さらに以下のような具体例を示しました。

「年2回、経営幹部をはじめとする約100名の上層部が対話する幹部集会をはじめました。また、新体制となった経営陣3名（島村CEO、宮地伸二CFO、平井良典CTO）が国内外の拠点に足を運びました。中でもCEOの島村は、約50か所の国内工場や国内外のグループ会社を訪れ、150回ほどの対話の場を設けました。大講堂での講話形式も含めれば、年間約5000名とコミュニケーションをとったことになります。現在はコロナ禍で状況やスタイルが変わってきていますが、こうした活動は15年から継続して続けています」

「AGC plus」で整理されたコア事業と戦略事業は、「両利きの経営」でいうところの既存事業と新規事業が重なります。「AGC plus」の中でそれぞれの事業の役割が明確化されたことに加え、経営陣が経営方針の実行者である社員に向き合い、対話を重ねたことにより、社員の納得感が変わったと石橋さんは感じているようです。

■継続によって現場の対話姿勢に変化が

「最初の頃は『こんなことをやる意味はあるのか』という否定的な声もあった中、経営企画部門が主体となって幹部合宿を開催。各部門の上層部のメ

ンバーを横断的に集め、チームに分かれてそれぞれの組織の課題について議論し、そこに社長が入って、さらに議論した結果を全体で話し合う、というものでした。複合的に対話の場を設けることによって、次第に『経営トップは話を聞く姿勢がある』『話がしやすい』『意見しやすい』という肯定的な反応が見られるようになりました」

　石橋さんは幹部集会や経営陣と現場の対話会の様子について、幹部の反応が変わってきたことを振り返ります。

　自身のリーダー観として、「人の心に灯をともす」ことを心掛けている島村CEOが、組織カルチャーの変化を実感できたのは、就任3年目頃だそう。

　「15年から行っている拠点訪問は、経営トップが各現場を訪問し、その時々のテーマについて話し合うスタイル。この活動をスタートさせた当時は、『CEOを目の前に何を話したらいいか分からない』『こんな話題を出していいのだろうか』と現場から積極的に話題が出ず、結果的に島村から話し掛けたこともありました。経営企画・広報・人事が事前に訪問先の担当者と連携をとり、テーマや参加メンバーの調整を行うなどの工夫を行ったことで、せっかくCEOと話す機会があるなら、その場で相談してみようと考える社員も出はじめるようになりました。そして3年目からは、自ら対話のテーマを企画する職場が出てきました。さらに、前年の対話会で島村に相談したプロジェクトの経過を報告したいと申し出る若手社員が出るなど、現場から徐々に発信されるようになってきました」

と、石橋さんは語ります。

　コミュニケーションの活性化は、成果が表れるまでに時間がかかることが、同社の取り組みからうかがい知ることができます。しかし、関与している人の反応や意見に気を配りながら、根気良く続けることで、変化が生まれることも明らかです。

■社員の心にともる灯は自発的な活動へ

　一方で、AGCの社内には広報が把握しきれていない若手の活動があると

話すのは松尾さんです。

「15年当時はトップダウンのコ
ミュニケーションが中心でしたが、
徐々に若手社員や研究所の現場から
自発的な取り組みが増えてきました。
私自身も、当時と比べて社員が積極
的に発言できる良い環境になってき

▲島村CEO(当時)と社員の対話会の様子

ていると感じています。また、活動紹介などを社内報などの媒体で紹介する
と喜んでもらえているようです。有志から自発的に出てきた活動はグループ
の社員に伝える機会がないので、私たちがそうした活動に関与し、しかるべ
き媒体やノウハウを使って発信していくことが大事だと思っています。現在
のような社内ムードを経営トップに頼らずに向上していけるかどうかが、私
たちのチャレンジです。インターナルブランディングチームも現場の社員と
一緒にやっていきたいと思っています」

チームの使命を改めて実感されているようでした。

近年、コア事業のガラス分野のほかに、ライフサイエンス分野でも注目を
集めるAGC。この堅調な伸びとコミュニケーションの関わりについて質問
をすると、石橋さんは以下のように答えてくれました。

「横のつながりがポイントだと思っています。当社にはガラス事業、電子
事業、化学品事業、セラミックス事業があり、それぞれに異なる市場があり
ます。各事業の世界だけを見ていたのでは競合他社に簡単には勝てません。
しかし、横のつながりで幅広い知見を複合的に考え、活用していくことによ
って、AGCの強みを発揮できるはずだと考えています」

社内コミュニケーションへの期待感がうかがえる言葉です。

AGCは今秋新たな研究棟をオープンさせ、横のつながりを社内だけでな
く社外にも求め、スピード感を持って新たな事業価値を見いだしていこうと
しているそうです。

15年以降、一方通行のコミュニケーションではなく、対話というスタイ

ルによって、丁寧に人と人とをつなげてきたAGCの社内コミュニケーショ
ン。泥臭いように見える反面、立場の異なる社員それぞれの反応を受け止め
ながら、「One Team」を目指した手堅い手法であるように映りました。

\Update!/
AGCの現在とこれから

［2023年12月追加取材］

　2021年から平井CEOの体制となったAGC。前回取材で伺った取り組みが、
どのように変化しているかについて、広報・IR部インターナルブランディン
グチームの土居義岳さんにお聞きしました。

　「記事に取り上げていただいた3年前から方針は変わりません。トップが
社員と直接対話する、という前CEO時代に築いた基本軸は変わらず、その
対象をグローバルに拡大し、理解を深め一体感を醸成しようとしているフェ
ーズにあります」

■グローバルに拡大した対話活動を深める

　コロナ禍を経てオンライン対話ツールが普及したことで、トップコミュ
ニケーション施策の対象を拡大しやすくなったそうです。3年前のお話は、
AGC単体（約8000名）に向けたものが中心でしたが、現在はグループ全体
（約5万7000名）に対話の輪も広げることができています。

　カンパニーをまたいでの"横串を刺すような"対話機会づくりなど、従来は
実現が難しかったグローバル規模での組織横断的な広がりを持った取り組み
が進められています。もちろん事業拠点をトップが訪問しての小規模な対面
での対話会も大切にし、オンラインとリアルを組み合わせ「広さと深さ」の
追求が進んでいるようです。

　また、グローバルメンバーをワンチームにする取り組みも大きな柱となっ
ているそうです。グループの業績規模から考えると、全体の7割近くが海外
の社員であるため、この施策が重要な役割を担っていることが分かります。

　「全グループメンバーが一緒に楽しく体験できるイベントとして、グロー

▲社内向け決算説明イベントの様子

▲トップによる丁寧な対話会も継続

バルな創立記念日『AGC Anniversary』を数年前からはじめました。タイムゾーンを考慮して同じ内容を時差に応じて2回実施しています。言語も5か国語を同時通訳して、一体感の醸成を大事にしています」

そして土居さんは、もうひとつの取り組みとして、経営情報をグローバルに分かりやすく周知するための社内向け決算発表イベントを紹介してくれました。

「以前から社外向けには発信をしていましたが、2年前から社内向けにも発信することにしました。経営トップ3名が直接分かりやすく説明するというのがコンセプトで、グループメンバーから直接質問を受け付けるQ&Aセッションも設け、経営陣から直接回答してもらっています」

経営トップが自分の言葉で誠実に説明していることへの満足度は非常に高く、イベント後のアンケートでは「まさにそれが聞きたかった」という声が返ってきたと言います。その誠実さは、例えば業績が芳しくないタイミングでも、社員の不安や疑問にトップ自らが回答するところなどに表れているようです。

■全員が自律的にチャレンジできる組織文化に

AGCのブランドステートメント「Your Dream Your Challenge」は、18年に全社公募に基づく社内投票によって選ばれました。創業の精神に基づく言葉でもあり、全ての地域で得票率1位だったとのこと。

「全員が挑戦を自分ごとに捉える『チャレンジする文化』を目指していま

す。近年はM&Aなどでさまざまな企業がグループインし、多様な背景を持ったメンバーが増えています。長期経営計画の中で『人財のAGC』を掲げており、過去のAGCを知らない社員を含め、みなが一体となって挑戦するためには、インナーブランディング、インターナルコミュニケーションが重要だと思っています」

　経営トップによるグローバル規模の対話活動は、時間や運営メンバーのリソースなど、それなりの負担が生じるものです。しかしAGCでは、この対話活動にそれ相応の価値を見いだし、CEOが交代した後も継続しています。

　経営トップの発言は現場に伝わりやすく、現場の声は経営に届きやすく。

　AGCの取り組みは、このようなトップダウンとボトムアップの双方向コミュニケーションの好事例といえるのではないでしょうか。

会社概要[2024年4月現在]

設　　　　立：1950年6月1日（創立1907年9月8日）
代　　表　者：代表取締役兼社長執行役員・CEO　平井 良典
資　　本　金：908億7300万円（2023年12月末）
従　業　員　数：連結5万6724名、単体7753名（2023年12月末）
売　　上　高：連結2兆193億円（2023年12月末）
本 社 所 在 地：東京都千代田区
主な事業内容：建築ガラス事業／オートモーティブ事業／電子事業／化学品事業／ライフサイエンス事業／セラミックス・その他事業
企　業　理　念：■グループビジョン　"Look Beyond"
　　　　　　　　"Look Beyond" 将来を見据え
　　　　　　　　"Look Beyond" 自らの領域を超えた視点を持ち
　　　　　　　　"Look Beyond" 現状に満足せず飽くなき革新を追求し
　　　　　　　　グループ全体が持つ大きな潜在力を発揮し、世界に価値を提供し続けます。
　　　　　　　　・私たちの使命：AGC、いつも世界の大事な一部
　　　　　　　　　　〜独自の素材・ソリューションで、いつもどこかで世界中の人々の暮らしを支えます〜
　　　　　　　　・私たちの価値観：革新と卓越・多様性・環境・誠実
　　　　　　　　・私たちのスピリット：" 易きになじまず難きにつく"

オイシックス・ラ・大地株式会社

#ミッション・ドリブン　#暗黙知の共有　#傾聴

［2020年11月号掲載］

ニーズや課題を「体感」する文化

　SDGs（持続可能な開発目標）やESG投資などの認知拡大を背景に、社会課題への取り組みを重要視する企業が増えてきています。具体的な目標や外部機関の評価項目を採用する企業もある中で、定量的な調査だけでなく、自社が関わるステークホルダーの声を直接聞くことで、課題解決に立ち向かおうとする企業があります。

　オイシックス・ラ・大地株式会社は2017年に「オイシックス」と「大地を守る会」を統合、18年に「らでぃっしゅぼーや」が統合して誕生しました。20年11月時点で、約36万人の定期宅配会員を有しており、ウェブサイトとカタログで有機野菜やこだわりの食品、ミールキットなどを販売する事業を中心としながら、さまざまな社会課題にも積極的に取り組んでいます。コロナ禍においても、いち早く医療従事者への食支援に参画したことで注目を集めました。

　取材に対応してくださったコーポレートコミュニケーション部・ソーシャルコミュニケーション室の大熊拓夢部長兼室長と和知麻子さんは、オイシックス・ラ・大地における社会課題の位置づけについて、「企業理念の中に『社会課題をビジネスの手法で解決する』という文言が含まれており、これが私たちのエンジンだと思っています。極端に言えば、解くべき社会課題がなくなったら事業が成長しなくなる、社会課題の解決こそが私たちの事業だと考

えています」と説明します。

■3ブランドそれぞれが向き合う社会課題

　統合した3ブランドは、食の安全や品質にこだわりを持っているという印象が筆者にはありました。そこで、「思いを共有しているのであれば、経営の効率を考え、ブランドを集約する案もあったのでは？」と伺いました。

　「安心安全の野菜や食品を世の中に広げていきたいという思いは同じだったため、3社が別の会社で競うよりも、手を取りマーケットを大きくしていくほうが、成し遂げたい未来に早く近づけるのではないかと考え、統合するに至りました。各ブランドについては、『オイシックス』は30〜40代くらいの忙しい世代の顧客が多く、短い調理時間で良い食生活を送りたいというニーズがあり、その両立を支援することを重視しています。『大地を守る会』は年齢層が高めのお客さまが多く、子育てを終えてこれからはご自身のことに目を向けたいというニーズがあるため、食を通じて健康でいたいという思いに寄り添っています。『らでぃっしゅぼーや』は、年代で言うとそれらの中間にあたるお客さまが中心で、料理を通じた自己実現を大切にされる方も多く、料理が楽しくなることを心掛けた事業活動が特徴です。それぞれ求められる価値が異なるため、ブランドを統合することはしませんでした」

　「ブランドはお客さまに生かされているところもあり、社員に生かされている一面もあると思っています。もしそれが必要とされなくなれば、顧客から支持をいただけなくなるだけでなく、ブランドに対して社員が情熱を持てなくなるでしょう。しかし、社会課題に対して各々のブランドが担う役割があれば残っていくし、残していくのではないかと捉えています」
と大熊さんが話してくれました。

■「体感」をアウトプットする

　ブランドに対する考え方に垣間見えるように、お客さまや社員の視点に立つことを大切にしているオイシックス・ラ・大地。その原点について、

　「オイシックスは、インターネットに強い20代の男性だけで立ち上げたようなものでしたので、創業当時は、農業とか家庭での食事を担うことについて、知識も経験もあまりありませんでした。そのため『分からないなら聴くしかない』と、直接当事者の声を聴

▲お客さまインタビューの様子

くように心掛けたと聞いています。友だちの友だちの奥さんや主婦の方など、つてを頼って一人でも多くの方からヒアリングをして『体感』したと言います。加えて、生産者とのつながりもなかったため、必死に連絡先を調べて訪問させてもらったりしました。次第に農作業を手伝わせていただくようになり、ここでも『体感』していったようです。こうした活動の積み重ねによって、お客さま視点や生産者視点に立って、みなさんの価値観を感じることを大切にするようになりました」
と大熊さんは語ります。

　事業を支える社員も、毎週のようにお客さまと直接電話で話したり、リアルな接点以外でもお客さまからのメールを日々大量に受け取ったりしているとのことです。

　イノベーション創発やナレッジ・マネジメントが語られる際、組織の暗黙知を形式知にすることが重要であるとされています。個人的な知覚・感覚である「体感」を事業に活かすために、オイシックス・ラ・大地はどのような形で社内共有をしているのでしょうか。

　「『体感』したものを意識的に社内共有しているというよりは、アウトプットを変えるためにインプット（体感）しているので、会議の場や製品・サービスそのものを通してアウトプットしていくサイクルです」と大熊さん。

　このことから、社員個人個人が感じ、考えたものが、それぞれの業務を通じてアウトプットされることが前提となっていることに加え、新しいことを提案したり、行動化したりすることが、受け入れられるカルチャーがあると

感じました。

■ダブルミッションの社員も

　20年３月に創刊した、会員向けソーシャルマガジン『Farble』が誕生した背景を伺ったところ、和知さんは「新しいものをつくる、行動を起こすことが推奨されていると思う」と話されました。

　もともとこの取材の出発点は、オイシックス・ラ・大地の発信力に着目したことにありました。複数のソーシャルメディアプラットフォームの活用、生産者や食卓への想いや関連する取り組みが、魅力的に編集・コンテンツ化されていますが、それだけにとどまらず、さらにマガジンを創刊したことに驚きました。そこで、積極的な情報発信の理由を尋ねました。

　「食材が食卓に届けられるまでに、さまざまなプロセスがあります。食卓と畑がつながっているから、今そこに存在している。環境のこと、生産者さんの想い、食べることなどが循環していることを感じてもらいたいという願いがベースとなっています。食卓と畑のことを知っていただき、気付きを得るきっかけになれば、お客さまの選択や行動が変わってくるのでは…という希望を込めて、創刊させていただきました」

　発行に至る過程に社外パートナーの協力もあるそうですが、各ブランドやプロジェクトから情報を収集するなど、企画や編集のほとんどを和知さんが一人で行っているそうです。

　そんな和知さんは現在『Farble』の発刊など、ソーシャルコミュニケーション室の業務のほかに、２つ目のミッションとして、新潟県「越後妻有 大地の芸術祭の里」とコラボレーションし、「作る・食べる」をアートでワクワクさせるプロジェクトのメンバーとしても活動されています。

　「私たちは働きやすさより働きがいを重視しています。自分が所属する部署の仕事以外にも、本人の希望があればダブルミッションという形で、和知のように社会課題に関連するプロジェクトなどに携わることができます」と大熊さん。

　事業そのものが社会課題の解決を軸としていることに加え、ダブルミッションという制度を通じて、担当する業務以外でも社員に幅広く社会に貢献する機会が設けられている環境が、オイシックス・ラ・大地の社会的価値をさらに強固なものにしていくと感じられました。

\Update! / オイシックス・ラ・大地の現在とこれから

［2024年2月追加取材］

　前回の取材から3年と少しが経過した今回の取材では、ビジネスの大きな変化として持分法適用関連会社であったシダックス株式会社を2024年1月に子会社化したことが紹介されました。従前から2社が協業していた保育園給食など、給食事業が抱える原材料価格の高騰や人手不足などの課題に効率的に取り組んでいく狙いがあるとのこと。オイシックス・ラ・大地が主力事業としているBtoCのほか、BtoB事業にも今後さらに注力していく予定であることが分かりました。

■現場で得た情報量と機動力

　24年1月に発生した能登半島地震の支援ではシダックスと連携して、すでに現地の病院や自治体の施設から受託していた給食事業の配送ルートを活用して、飲料などの物資を迅速に届けることができたそうです。大熊さんは「シダックスも当社も現場が強い。被災直後から対策本部を立ち上げて、現場の支援に動いた。お客さまは全国にいらっしゃるので、かねてより産地への深刻な気候の影響などを含めて自然災害が発生した時には、機動的に対応する組織文化がある」と話されました。

　前回の取材でも「直接当事者の声を聴く」という創業時のエピソードがありましたが、オイシックス・ラ・大地は事業の成功やサービスの質向上のために「現場の声を聴く」姿勢を大切にしているだけでなく、サービスを提供している地域のお客さまや産地と共に現場で起きている課題を一緒に解決していこうという姿勢の表れではないかと感じました。

▲「手づくり給食ミールキット」の活用は栄養士の働き方にも貢献が期待されている

▲2024年1月8日、珠洲市避難所での無償配布の様子

「現場で感じ取れる情報量は圧倒的に違う」

コロナ禍で生産現場に行けなかった社員を優先的に順次、「体感」する機会を作っていると話す中で、大熊さんはこの取り組みの価値をこのように評しました。

あらゆる現場で、「体感」を重視しながらステークホルダーとの関係を丁寧に育むことは、話題性につながるような華やかな活動ではありませんが、何にも代えがたい企業信用の礎になっていることは間違いないでしょう。

会社概要［2024年4月現在］
設　　　　立：2000年6月
代　　表　者：代表取締役社長　髙島　宏平
資　　本　金：39億9500万円（2023年3月現在）
従 業 員 数：2019名（2023年3月31日時点）
売　　上　高：1157.7億円（2023年3月期）
本 社 所 在 地：東京都品川区
主 な 事 業 内 容：ウェブサイトやカタログによる一般消費者への有機野菜、特別栽培農産物、無添加加工食品等、安全性に配慮した食品・食材の販売
企 業 理 念：これからの食卓、これからの畑
　　　　　　　より多くの人が、よい食生活を楽しめるサービスを提供します
　　　　　　　よい食を作る人が、報われ、誇りを持てる仕組みを構築します
　　　　　　　食べる人と作る人とを繋ぐ方法をつねに進化させ、持続可能な社会を実現します
　　　　　　　食に関する社会課題を、ビジネスの手法で解決します

　　　　　　　私たちは、食のこれからをつくり、ひろげていきます

株式会社マザーハウス

♯理念の浸透　♯理念の実践

［2021年1月号掲載］

それぞれの原体験が融合する

　2006年創業の株式会社マザーハウスは、「途上国から世界に通用するブランドをつくる」を理念に掲げ、バングラデシュからはバッグ、スリランカからはジュエリーなど、その国に合った素材や生産方法を尊重したモノ作りを行っています。代表兼チーフデザイナーの山口絵理子氏には、ビジネスと社会貢献を両立する強い想いと、創業から今日まで幾多の困難を乗り越えてきた過去があり、マスメディアにもたびたび取り上げられています。

　本稿は、社内コミュニケーションの観点から、マザーハウスが理念の体現と事業の成長をどのように両立しているのかを探りました。

■原体験との対話

　マザーハウスには、社員を「ストーリーテラー」と呼ぶカルチャーがあるそうです。筆者は、代表の山口氏のしなやかでありながら芯のある雰囲気と、テレビや雑誌で知った困難にくじけなかったエピソードが、強く印象に残っていました。そのため同社内では、山口氏の想いと経験に共感した社員が、アンバサダーのようにそれらを語ることができるのだろう、と想像していました。

　しかし実際に話を聞いてみると、もっと深い次元で会社と個人が共鳴し合っていることが分かりました。取材に応じてくださった同社コミュニケーシ

ョンデザインチームの小田靖之さんが、入社された時のご自身のエピソード
を交えながら、マザーハウスにおける理念の存在について話してくれました。
　「約６年前、初めてマザーハウスの理念を読んだ時『本当だろうか』と思
いましたが、会社のウェブサイトやイベントを通じて、しっかりと理念とそ
の裏側にある想いを伝えているので、やっぱり気になり面接を受けました。
３回目の面接では山口が面接官となり、２〜３時間、２人で話しました。し
かし、いろいろと話を聞いても、本当に良い会社かどうかは働いてみないと
分からないと思ったので、『サンクスイベント』というマザーハウスの大き
なイベントを１日手伝わせてもらうことにしました。このイベントは、ご招
待したお客さまが、生産地から迎えた職人とコミュニケーションをとること
ができる機会です。この時30名くらいのスタッフに話し掛け、入社した理
由や今の仕事について聞いてみました。すると、全員が明確に『なぜこの会
社で働いているのか』を答えられたんです。しかも、自分自身の原体験とセ
ットで。これはすごいなと思いました。もちろん生産地から参加した職人や
社員もみな、マザーハウスで働くことの本質を自分の言葉で語っていると思
いました」
　小田さんに限らず、面接時には全ての人が仕事のスキルや過去の実績だけ
でなく、マザーハウスで働くことと本人の原体験について語ることが求めら
れるそうです。さらに、入社後の研修について小田さんはこう語ります。
　「研修の一つに、『理念研修』というものがあります。『途上国から世界に
通用するブランドをつくる』を言葉として理解するだけでなく、具体的にど
のような行動をしてきたのか、これからどう行動していくのか、理念と自分
の原体験やそれぞれの生き方とどう結び付けていくのかを、考える機会を設
けています。そして、山口が学生時代にどういう気持ちでバングラデシュに
行ってマザーハウスを作ったのか、どういう気持ちがあったのか。そこで気
付いたこと、失敗したことなど、山口や副社長の山崎も、これまでの約15
年でやってきたことと、自分たちの原体験を掛け合わせながら話をする場で
もあります」

　SDGsが注目される昨今、社会貢献や社会課題の解決を掲げる企業は数多くありますが、マザーハウスのように、社会的意義のある理念と社員個々人の原体験や主観をひもづけて解釈していく企業は珍しいと思います。なぜならば、こうした個々人の深い理解を促す活動を組織として進めるには、理念を浸透させたいと考える広報や人事・総務担当者だけでなく、社員の時間も多く費やすため、積極的になれないことがあるからです。

　つまり、「コミュニケーションのコストがかかる」ということです。そのことについて小田さんは、

　「新しいアイデアや意見を言いやすいけれど、それに対して『なぜそれをやるのか』というWHY（なぜ）からはじまり、たくさん議論しますので、コミュニケーション量が多い。つまり、コミュニケーションコストは高いと思います。それでも私たちは、HOW（どうやって）よりWHYを大事にしています」

と、社内の意思決定プロセスの一端を紹介してくれました。

■自信があるからこそ語りすぎない

　社会課題や社会貢献性の高い新興企業は、そこに対する想いやメッセージそのものがブランドになっていることがあります。その良し悪しにかかわらず、寄付的な側面が強い場合、製品やサービスの価値がかすみ、その価値に対価を払っている実感が薄くなり、購買意欲が長続きしない可能性があると筆者は考えます。そこで、ストーリーテラーと呼ばれる社員が店舗で接客を行う場合、途上国への想いを熱く語るのか、質問してみました。

　「バッグを販売する場面で、商品の機能と途上国への想い、どちらかを優先的に語るようなことはありません。『価値や魅力の伝え方はお客さまによって変えている』というのが答えです。お客さまの中には、山口が途上国で奮闘する姿を紹介したドキュメンタリー番組を見てファンになってくださった方もいますし、店頭のバッグが素敵だと思って立ち寄ってくださる方もいます。当社は途上国の本当の可能性として、彼らが自信を持てる素材で自信

◀社員個々人の生き方が
　尊重されるカルチャー

の持てるプロダクトを作るということを重視していますので、全てはそこに帰結しています。今はバッグやジュエリーを扱うファッション企業でもありますので、『持ってかわいい、かっこいい』を追求しつつ、長く楽しく使えるプロダクトであることを大事にしています」

と答える小田さんは、プロダクトに自信があることの裏付けとして、ウェブサイトや店舗ではあまり途上国を前面に出さず、プロダクトの魅力を訴求するように意識していることを教えてくれました。

　メディアなどの第三者がマザーハウスの途上国支援の側面にフォーカスするからこそ、自分たちはプロダクトの価値を重視したメッセージ発信を行っているというエピソードからも、マザーハウスの企業としての感度の高さと、理念に集約されたコアバリューの強さが印象付けられたように感じました。

　現在、生産地6か国、販売地3か国と広がりを見せている同社が、社員個々人の原体験や生き方を重んじる背景には、今日に至るまでに、山口氏や社員のみなさんが各国で体験した言葉や宗教、食、働くことなどの価値観の多様性があるようです。

　「途上国としてひとくくりにすることはできません。それぞれ多様な価値観があるのは、途上国でも日本でも変わりません。みなそれぞれ親も生き方も食べ物も違う環境で育ってきたわけですから。もちろん、会社としてのゴールは絶対に必要です。しかし、そこに向かうプロセスは1本ではないと思

っています」

このように語る小田さんに、ゴールに向かう道が整備された1本なら、経営的に効率が良いはずではないかと問うと、

「山の頂にどこから向かってもいい。それが会社としてのオリジナリティーであり、ブランドとしてのオリジナリティーになると考えています」

と答えてくれました。

社員が入社時から、理念と自分自身の原体験や生き方をすり合わせるマザーハウスは、社員の想いの数だけブランドの価値が広がっていく。そんな可能性を秘めていると感じました。

\Update!/ マザーハウスの現在とこれから

[2024年1月追加取材]

前回の取材から約3年経過し、マザーハウスの事業にも新たな展開がありました。例えば、2021年2月にインドネシア産カカオを使用したチョコレートの販売から立ち上がった食のブランド「LITTLE MOTHERHOUSE」。回収したバッグのレザーを高いデザイン性の一点物にリメイクするRINNEシリーズを22年から全店舗で販売開始。23年には、再生産予定がなく在庫数が少なくなった商品を集約しその魅力を伝える「最後の一品店。」をスタートと、いずれもマザーハウスの理念を体現した独自性の高い商品展開と発信が続いています。

■「MH語」を軸にした社内コミュニケーション

こうした活動が持続するエネルギーは、創業者一人の存在感だけでなく約300名の社員全員が自身の想いや価値観にまで理念を落とし込んでいるところから生まれているといえます。そのための取り組みは、前回取材した採用時のコミュニケーション以外にも日常的に行われているそうです。分かりやすい例として、「MH語（MHはマザーハウスの略）」の存在を、現在はPRとフード事業の統括を兼任する小田さんが教えてくれました。

▶回収したバッグ素材を高デザインでリメイクするRINNEシリーズ

▲全国のマザーハウス店舗での取り扱いが10点以下になった、希少なものが集められている新たなコンセプトの店舗「最後の一品店。」

　「MH語とは、やや抽象的な理念を日々の業務におけるアクションで捉えるためにブレイクダウンしたもので、普段から社内でよく使う行動指針的な言葉です。徐々にMH語は増えており、最近これを『MH語ノート』という冊子にまとめて、全社員に渡しました」

　冊子には「meet the new world」といったMH語がいくつも記されていますが解説はなく、自分で考えるための余白が目立つレイアウトになっています。そして、社内では半期に1回程度、職場や役職に関係なく社員が集まり、MH語のいくつかを取り上げて自由にディスカッションする「MH語ブレッ

クファスト」が３年ほど前から実施されているそうです。また、全社員を対象にした「MH語大賞」というアワードが年末に実施され、売上利益への貢献のみでなく多様な視点や尺度から、マザーハウスらしい活躍や頑張りを社員相互に評価賞賛する機会も設けられています。さらに同じような視点から、マネージャー候補者は全社会議で自身のスキル・マインドをマザーハウスで活かす意味を全スタッフの前でプレゼンすることも求められるとのことです。

■社員が理念を自分ごととして考える機会作りを徹底

最後に、小田さんはマザーハウスの理念と事業の結び付きを次のように表現しました。

「私たちはファッションブランドとして、ストーリーから切り離された『モノとしての価値がある商品』を販売しています。全てはそこに着地します」

つまり、理念や想いを語らなくとも、購入したいと思ってもらえる商品力があるということ。それを創り出すために社員が理念を自分ごととして考え続け、それが全ての仕事に内包されている。これがマザーハウスにおける理念の実践ではないでしょうか。

会社概要［2024年4月現在］
設　　　　立：2006年3月9日
代　表　者：代表兼チーフデザイナー　山口 絵理子
資　本　金：2795万円
従 業 員 数：300名（2023年12月末時点）
本 社 所 在 地：東京都台東区
主な事業内容：発展途上国におけるアパレル製品及び雑貨の企画・生産・品質指導、同商品の先進国における販売
企 業 理 念：途上国から世界に通用するブランドをつくる

株式会社ワークマン

♯傾聴　♯業態変革

［2021年2月号掲載］

「しない」コミュニケーション

　群馬県伊勢崎市で1958年設立の衣料品店「いせや」（現ベイシアグループ）の一部門として、80年に「職人の店　ワークマン」１号店がオープンし、82年に株式会社ワークマンとして設立されました。現在はベイシアグループの中核企業として成長し、2013年３月期から22年３月期までの10期連続最高益を更新しました。

　ワークマンを取材するにあたっては、成長企業の社内コミュニケーションをひもとくことを目的としていましたが、同社の社内コミュニケーションにおいては、社員間のつながりや情報共有を推進するような、組織的な取り組みがあまり行われていませんでした。

　20年10月に発行された書籍『ワークマン式「しない経営」』（土屋哲雄著）にも、「社員のストレスになることはしない」「“ワークマンらしくないこと”はしない」「価値を生まない無駄なことはしない」と書かれているように、社内コミュニケーションもミニマル（最小限）なようでした。

　取材に応じてくださった営業企画部と広報部の部長を兼務する林知幸さんは、「当社は変わっているので、参考にならないかもしれませんよ」と明るく笑いながら話しはじめました。

■静かに組織を動かすリーダー

　前述した書籍の著者である土屋哲雄氏（現専務取締役）は、12年に常務取締役に就任。「この会社では何もしなくていい」という会長の言葉を守り、約2年間ワークマンをじっくり丁寧に観察したそうです。そして打ち出したのが、中期業態変革ビジョンです。そこに記されていた、全社員がデータを活用する「エクセル経営」という新たな取り組みについて、当時社員がどのように反応したのかを伺いました。

　林さんは、「中期業態変革ビジョンは『計画』ではなく『ビジョン』だということがポイント」と説明しながら、当時の様子を語ってくれました。

　「土屋が全社員に向けて話をしたのは、14年の中期業態変革ビジョンがおそらくまだ2回目くらいの時期。土屋は『来年は何をやって、次の年に何をやって』という語り方をするタイプではありません。この中期業態変革ビジョンを発表する時も『すること』『しないこと』を20分ほどでシンプルに語っただけです。『時間がかかってもいいからやろう、でも何年までに何をやろう』とは言わなかった。売り上げ目標もなかった。このことが社員をやる気にさせたと私は感じています。上からの押し付けではないので、社員のストレスにならなかった。一点だけ期限を設けたのは、社員の給与を5年後に100万円ベースアップするということでした」

　この時、土屋氏からは、報酬のコミットに加えて、全社員によるデータ活用に対応する大変さに寄り添う発言もあったと言います。

　組織を動かすコミュニケーションには、仕組みや活動だけでなく、社員の心情に配慮した戦略やメッセージが重要であることを、このエピソードは示唆しています。

　しかも、その業態変革の内容はワークマンの社員がやりたいと思っていたことにリンクしていたそうです。土屋氏による社員とのコミュニケーションの仕方を考えると、これが偶然ではなく、地道なヒアリングの結果であったことが垣間見えます。

▲自社製品に身を包む土屋氏

「土屋は日常の何気ないタイミングで社員に声を掛け、一人ひとりのやりたいことや夢について耳を傾けました」

多くの企業で、リーダーが月次や週次などで全社メッセージを発信しています。リーダーがとるべき最適なアプローチも、企業の規模や文化、経営状況によって異なり、正解は一つではありません。しかし、ワークマンに変革をもたらした土屋氏は、「縁の下の力持ち」のように、仕組みを作り、社員一人ひとりの活躍を促す方法で、リーダーシップを発揮したようです。

■社員の夢もワークマンらしく実現する

「社員が自分の中で温めている夢や企画はあると思う。ただ、社員同士であれをやりたい、これをやりたいと語り合うような社風ではない」

一人ひとりの想いをつなぎ、夢をカタチにするように動いた土屋氏は、そのアプローチも独特なものではないかと、林さんは語ります。

「ヒアリングした企画を会議にかけて議論する…というような方法ではなく、キーパーソンとなる別の社員にその話を共有するのです」

一つの点から波紋が広がり、大きな波やうねりにつながるように、だんだんと夢が現実に変わっていくそう。これも、社員にプレッシャーを与えない「しない経営」が基盤となっているのではないかと、分析しているようでした。

「しない経営」の中で、社員のやりたいことや夢が具体的な事業に発展していくプロセスには、興味深いものがあります。それでいて、部門をまたいで新しい企画を精査するような機会は少ないと言います。

「当社は無理して続ける会社ではないんです。例えば、何かを新しく出店

製品の機能を伝えるため過酷な環境を再現した▶
「過酷ファッションショー」は夢が現実となった例

して赤字が続いたら、黒字になるまで頑張ろうとすることはない。『やめられるうちにやめちゃいましょう』という感じ。判断が早いし、朝令暮改は当たり前。それが流通業というものだと思います。反面、製品開発においては長く続けなければならない。1回やってダメだったらやめるということはしない。そんな製品は最初から出さない。当社は失敗作が少ないんです」

ワークマンが取り扱う作業服は、発売した商品がどこかの会社の制服になる可能性があるため、翌年にその商品を販売していないという事態は避けるべき、という考えが前提にあるそうです。そのため、開発過程でユーザーの声を丁寧にヒアリングすると言います。

経営理念に「機能と価格に新基準」をうたうワークマンは、製造小売業として磨いてきた質実剛健な風土に加えて、土屋氏のコミュニケーションと新しい仕組みによって社員が夢を持って働ける企業に進化したのではないでしょうか。

仕事の期限も上席からのプレッシャーもないのに、"ぬるい組織"にならないのが一見、不思議に思えますが、そのバランスをとるカギとなっているのが全社員によるデータ活用という仕組みです。

「土屋が入る前の当社は、大まかな数字しか追いかけていなかった。勘のようなもので目標をいくつも立てて、何も結果を残せずにいた状況でした。それが、『エクセル経営』によって仮説検証型の企業になったと思います」

土屋氏が進める施策で風土が変わったことを語ってくれました。

「300名ほどの社員数なので、比較的コミュニケーションがとりやすい組

織」と林さん。それでも組織単位で取り組まれているコミュニケーション施策は少ないほうでしょう。言い換えれば、質が良いからこそ最小限のコミュニケーションで済んでいる、そんな印象を受けました。コミュニケーション能力に長けた土屋氏というリーダーの存在も欠かせません。市場分析、事業価値の分析、風土の理解に加え、社員へのアプローチに至るまでスキルの高さがうかがえます。

　土屋氏のような、組織を動かすリーダーのスキルを分析すれば、インターナル・コミュニケーションを担う部門に求められる機能やスキルが見えてくるかもしれません。

\Update! /
ワークマンの現在とこれから

［2023年12月追加取材］

　2021年2月当時のワークマンは、前年10月に作業服を扱わない新業態の「#ワークマン女子」1号店をオープンさせたのを皮切りに各地で出店を広げ、テレビなどのマスメディアでも話題となっている真っ只中でした。その後も21年12月にプロのための究極のワークウェアとして、新ブランド「WORKMAN Pro」を、22年4月には「WORKMAN Shoes」を立ち上げました。さらに翌23年春には先端技術や異業種の知見を持つ企業や大学と共に「快適ワーク研究所」を設立し、労働寿命の延伸に向けてのプロジェクトを開始しました。同年秋には、デザイン性だけでも売れることを目指した新業態となる「Workman Colors」1号店を銀座に出店するなど、今後も店舗数を拡大させていく目標を掲げています。社員数も21年と比較すると約80名増加しています。

■社員と製品の接点を増やす

　このように組織規模が約26%大きくなっても、「コミュニケーションがとりやすい」と語っていた状況は、変わっていないのでしょうか。

　林さんは「社員の負担になることはさせないという基本姿勢は変わってい

▲マスコミやインフルエンサーで約450名が来場した2023年ワークマン秋冬新製品発表会の様子

舞台を眺める若手社員たち▶

ない」としながらも「ただ、この数年の間に新しい業態やブランドが複数始動したということもあり、それぞれが持つコンセプトや強みなどを含むワークマンの方向性を浸透させる必要があると考えるようになった」と、状況の変化を教えてくれました。この対策として考えられたのが「社員と製品の接点を増やす」ことを促す取り組みです。

その一つとして、自社のカタログやチラシに若手社員が登場する機会を作

ったことが挙げられます。もう一つが、多くの社員に新製品発表会へ参加してもらったことです。この狙いについて林さんは「例えばチラシなどの制作物を作るプロセスなど、お客さまとのコミュニケーションの機会に巻き込むことが、自社の向かっている方向を一番感じられると思う」と語ってくれました。

　浸透策として挙げられた取り組みが、社内での情報発信ではなく、お客さま向けのコミュニケーションだったことには、「すること」「しないこと」の選別を徹底するワークマンらしさが表れているようです。

　また、新製品発表会も22年9月に刷新され、以前の「過酷ファッションショー」というエンターテインメント性の高いショーのスタイルから、新しくなった製品をじっくり見て体験できる展示会方式の発表会となりました。そこは、マスメディアのみならず社員が会社の方向性を体感する場にもなっているようです。

　ワークマンの「しない」コミュニケーションを経年で追ってみて分かったことは、その姿勢を貫きながらも、ビジネスの変化と共に生じた課題は「すること」の中に組み込み、解決への具体的な行動をとっているという実際の姿です。ワークマンの事例はカルチャーに合った「自社らしい施策」の有用性を物語っていると言えます。

会社概要［2024年4月現在］
設　　　　立：1982年8月19日
代　表　者：取締役社長　小濱 英之
資　本　金：16億2271万円（2023年3月末時点）
従 業 員 数：383名（2023年9月時点、正社員）
売　上　高：1698億円（2023年3月期、チェーン全店売上高）
本 社 所 在 地：群馬県伊勢崎市
主な事業内容：フランチャイズシステムで作業服及び作業関連用品を販売する専門店をチェーン展開
企 業 理 念：声のする方に、進化する。

大成建設株式会社

♯技術・知識の浸透　♯DX

［2021年4月号掲載］

新しい技術や知識を全国の現場に

　近年のイノベーション推進やスタートアップ企業の興隆を背景に、実務に役立つさまざまな新しいツールや手法が登場し、広がりを見せています。さらに、新型コロナウイルスのパンデミックによって、これまでデジタル化を必要としていなかった職場も対応せざるを得なくなり、社員一人ひとりのデジタルスキル向上が求められています。

　近年、建築・土木の現場においても、少子高齢化による担い手不足が課題となっています。こうした状況に対し、国土交通省では調査・測量から設計・施工・維持管理までのあらゆるプロセスでICTなどを活用し、生産性が高く魅力的な新しい建設現場を創出することを目的に、i-Constructionコンソーシアムを推進しています。

　「地図に残る仕事。」のキャッチコピーで知られる大成建設株式会社も、参加企業の一つです。本稿では、新しい技術を建築・土木の現場に届けるために行っている同社の取り組みを紹介します。取材にお応えくださったのは、社長室情報企画部コンサルティング室室長の井上良悟さん、課長の岩元俊輔さん、建築総本部生産技術推進部部長の阿波英俊さん、次長の田中吉史さん、土木本部土木技術部ICT推進室室長の川田淳さんです。

　大成建設では働き方改革や生産性向上のために、2016年春にコミュニケーション基盤を刷新したそうです。

「以前はメール一つを見るにしても、社員は2〜3分かかる手順を踏まなければならず、隙間時間を活用できていませんでした。こうした状況の中、もっと便利にならないかという機運が高まっていました」

と、当時を振り返る岩元さん。新しいコミュニケーション基盤の浸透策として、導入直後は全社員に向けて、便利機能や使い方の紹介を週次でメール配信していたそうです。さらに、「困っている部門には手を挙げてもらい、ハンズオンで講習会を実施しました」と井上さん。現在では多くの社員が使い慣れてきつつあるようですが、複数人のチャットグループを作る際のグルーピングや、チャット上で反応しやすいように特定の相手に通知を送るメンション機能などの活用を工夫し、さらなる円滑なコミュニケーションを模索しているそうです。

■現場と人に合わせた施策

そもそも建築・土木の現場は距離的に離れているだけでなく、山の中である場合も多いとのこと。

「多くの現場では通信インフラも整備されていない状況です。昨今この点は解消しつつありますが、これまでは全社横断的に情報のやり取りをしたくても、円滑にいかないことが多々ありました。情報企画部が中心となって新たに導入したコミュニケーション基幹システムは、本社・支店・作業所をつなぐベースとなりますので、この利活用の定着は急務でした。さらに、建築に特化したツールや技術も展開しなければなりません。たくさんの技術開発に取り組んでいるものの、それらを水平展開することに課題があります」

そう語りながら、阿波さんが見せてくれた資料には、新興技術に対する関心や普及の度合いを時間軸に置いた、「ハイプ・サイクル」と呼ばれる曲線が描かれており、そこに、大成建設が取り組む多くの技術が分類され、記されていました。

実際に土木本部の現場で取り組まれている最先端の技術開発は、施工中に得られる映像やセンサーによる膨大なデジタルデータを仮想空間上でAIが

解析し、最適な解決策を導き出し、高付加価値な情報を工事関係者にフィードバックするというものだそうです。このような新しい技術を黎明期から定着期へと進めていくには、技術リテラシーの向上と、データを共有・解釈するメンバー間のコミュニケーションが欠かせないのではないかと感じました。

▲作業所で講習を実施するICTキャラバン隊

　既述のメソドロジーを用いて技術を的に捉えている様子から、大成建設には体系的な情報共有のモデルが存在しているのではないか、と仮説を立て話を伺いました。

　「建築・土木の現場は、一つとして同じものが存在しない一品受注生産で、なおかつ規模が大きいものがほとんどです。そこで必要とされる技術も、関係する社員や作業員のスキルも、画一的に測ることはできません。そのため、『ICTキャラバン隊』と称するチームを作り、現場に赴き、コミュニケーションツールなどの困りごとを聞いて、つぶさに対応するようにしているんです」と阿波さん。さらにICTの普及を現場で率いる田中さんは、

　「人に合わせて話すようにしています。端からできていないと指摘されたら、誰だって聞く耳を持てなくなります。『こんなツールがあるけどどう？』とか、『こういう現場だったらこれができそうでは？』などと提案しながら、少しずつ現場のコミュニケーションツールや技術の活用を進めています。場合によってはiPadの設定を行ったり、使いはじめに『隣の現場ではこんなことをやっている』『隣の支店でこんな活用をしているよ』『本社からこんな発信があった』など、同じ目線になることを意識したりしながら、コミュニケーションツールの先にある情報に誘導することもあります」と、現場で働く人に寄り添った丁寧な取り組みを紹介してくれました。

　これまで長く現場で活躍してきた熟練の技能者は、この十数年で急速な

ICT化に対応せざるを得なくなり、戸惑いがあったのではないかと、質問を投げ掛けてみました。

「戸惑いはコロナ禍で全部吹っ飛んだんです。苦手だった人も含めて、この状況下では誰もがテレワークをしなければならなくなりましたから。一人が使えても意味がなく、みんながデジタルツールを使えて初めて会社のパワーや生産性につながっていくと思います」と田中さん。

■「見える化」がもたらす利点

建築・土木連携でICT化を進める大成建設では、北海道から石垣島、海外も含め、数百あるほぼ全ての現場にカメラが設置され、ライブ映像で現場の様子を確認できるようにしたそうです。

「見える化も重要なコミュニケーションの一つ」と阿波さん。工事の進捗が分かると、その状況に適した工事支援が可能になり、さらに、防災やBCP（事業継続計画）対応にも役立つとされているそうです。また、社内ソーシャルメディア上に誰もが投稿できるビジュアルアーカイブ「Gallery Taisei Genba」や、現場に役立つちょっとしたアイデアを共有する「小技ちゃんねる」などの投稿スペースを設けており、「ここを見たら何かあるという期待感を醸成したい」と田中さんは語ります。

社内で発行されている『月刊生産性向上新聞』は、活動開始から５年目に入り、ICTキャラバン隊の取り組みや、コミュニケーション基幹システム上にあるコンテンツを紹介するなど、現場に情報を浸透させるために尽力している様子が伝わってきました。大切にしている想いとして、「生産性向上を掲げる中で、早くみんなに共通の情報を提供したい」と阿波さんは語ってくれました。

全国に共有されるのは技術や知見にとどまらず、現場単位で作られているというポスターも、既述の新聞で取り上げられていました。そのポスターは、まるで特撮ヒーロー映画の広告のようなカッコいいものです。

「現場の生産性にとってモチベーションはとても重要です。自分たちにス

ポットライトが当たっている、全国に自分たちの姿が共有されているという実感を持ってもらいたいと考え、積極的にビジュアル化を行っています」と、田中さんが紹介してくれました。

　多くの社員が、本社から遠く離れた現場で長期にわたってプロジェクトに携わる大成建設の技術・知識の浸透、モチベーションの維持などの社内コミュニケーション施策は、コロナ禍でリモート環境を余儀なくされた企業にも参考になるのではないかと思います。

\Update!/

大成建設の現在とこれから

［2024年1月追加取材］

　ポストコロナとなった現在、リモートワークを推奨していた企業の一部では、社員の出社を促す動きもあり、現場回帰の様相を見せつつありますが、大成建設ではコミュニケーションの在り方はどのように変化したのでしょうか。

　田中さんは「もともと現場に多くの作業所を抱えており、在宅勤務という意味でのリモートワークは難しく、そのような働き方をしている社員もそう多くはない。ただ遠隔臨場という意味でのリモートワークは定着してきている。DXは特別なものではなく業務に密接に絡んでいる」と現在では各現場にカメラが３台ずつ設置され、WEBカメラを通じて現場の状況が分かるようになっていると語ります。

　また地震や台風の際に現場の状況を本社や支店に伝えるための全社的な災害情報システムも、その精度と臨場感が向上したと言います。追加取材の約１週間前に発生した能登半島地震に関しても、影響のあった地域の現場を遠隔で確認することができたそうです。

■デジタルの導入から全社的な発展的利用へ

　前回の取材で取り上げたICTキャラバン隊の役割も、当初はデジタルツールの「導入」の支援が中心でした。現在、社内で使えるデジタルツールの幅

◀DXアカデミーのトップページ

◀『月刊生産性向上新聞』
は2024年1月現在93号
まで発行されている

も増えているそうで、「ツールを使うことを推進するのみならず、ICTキャラバン隊が現場での活用を考えた提案を行い、現場と一緒になって課題を解決するフェーズへと進化している」と田中さんはICTキャラバン隊に外部の専門ベンダーも加わって活動をしていると教えてくれました。

　2023年10月にはデジタル人材の育成を目的として全役職員向けデジタルトレーニングプログラム「DXアカデミー」が開講されました。デジタルリテラシーの獲得レベル、デジタル積極活用レベル、DX牽引レベルの3つの

スキルレベルが設定されており、将来的にはグループ会社や協力会社への展開も予定しているそうです。

　大成建設の土木現場には、施工中に取得される膨大なデジタルデータを活用して施工管理業務を支援するシステム「T-iDigital Field」や測量支援アプリ「Field Checker」などが具体的に導入・活用されており、今後土木・建築両分野での発展やグループ会社、将来的には同業他社への提供なども検討されているようです。

　社長室情報企画部企画室長の島田裕司さんは、今後のビジョンについて次のように話されました。

　「多様化する社員と経営層の信頼関係をより一層深めていき、エンゲージメントの高い組織に変革していく。組織が一体となってさまざまな課題や新たな事業領域に挑戦していくことで、変革ができると考えています」

　大成建設ではコミュニケーションツールのデジタル化にとどまらず、幅広い業務のデジタル化が進んでいます。今後はさらに全社的かつ発展的に活用を推進し、現場の安全性や生産性などを高いレベルへと引き上げようとしています。業界が直面するさまざまな課題が背中を押している面もあるとはいえ、スピード感を持ってデジタル化を進めた実績は他の産業も見習うところが多いようです。

会社概要［2024年4月現在］
設　　　　立：1917年12月28日（創業1873年10月）
代　表　者：代表取締役会長　田中　茂義
　　　　　　代表取締役社長　相川　善郎
資　本　金：1227億4215万8842円
従 業 員 数：8613名（2023年3月末現在）
売　上　高：1兆6427億円（2022年3月末現在）
本 社 所 在 地：東京都新宿区
主な事業内容：国内外におけるけ建築・土木の設計・施工、環境、エンジニアリング、原子力、都市開発、不動産、その他、幅広い分野で事業展開
グループ理念：人がいきいきとする環境を創造する

株式会社ディー・エヌ・エー

♯組織の拡大　♯バリューの浸透

［2021年5月号掲載］

対話が培った「基礎体力」が危機に生きる

　新型コロナウイルスのパンデミックは、ビジネスに影響を与えただけでなく、社員一人ひとりの働き方、私生活、精神面にも戸惑いや混乱を招きました。在宅勤務における生産性やコミュニケーションの課題、また、その解決のヒントを紹介する記事が散見され、働く環境が大きく変化したことと、その対応に関する具体例の共有が求められているのではないかと感じています。

　株式会社ディー・エヌ・エー（以下、DeNA）は、「あえて決め過ぎない。DeNAが取り組む働きやすい体制づくり」と題し、オウンドメディア『フルスイング』で自社の新型コロナウイルス感染症拡大防止への対応を紹介しています。この記事をきっかけとして、執行役員でヒューマンリソース本部本部長 菅原啓太さんに、コロナ禍で迅速に社員のニーズを捉え、対応策を講じた組織力について、お話を伺いました。

■「発言責任」と「傾聴責任」

　DeNAの新型コロナウイルス対応の初動の一つが、2021年2月に発足した対策本部によって行われた、事業部への「どこまでリモート化できるか」「そのために何が必要か」などのアンケートだったそうです。スピードを重視するなら、対策本部で決めたことを現場に指示するトップダウン式のコミュニケーションを選択しても不思議ではない状況下で、アンケートを実施す

るDeNAには、傾聴の姿勢が根付いていると推察しました。

「コロナ禍以前から組織内でのサーベイは活発で、なおかつ回答率も高いと思います。アンケートは選択式だけではなく記述式の欄も設けているのですが、そこにも具体的な意見が記入されていることが多いです」
と、菅原さんは話してくれました。さらに、DeNAには会社として大切にしている価値観を体系化した、「DeNA Quality」というものがあるそうで、それに言及しながら次のように語ってくれました。

「『DeNA Quality』の項目の一つに『発言責任』というものがあります。自分の考えを伝えることは当社にとって重要なことなので、それがアンケートという形式であっても表れているんだと思います」

アンケート結果はウェブ社内報『Sync!』で記事化され、共有されているそうです。社内共有を行えば、アンケートの事後対応にも期待が高まるのではないかという投げ掛けに対し、菅原さんは「聞きっぱなしにしないことも大事で、できることはすぐに対応していく」と教えてくれました。こうしたエピソードが象徴するように、2022年4月の「DeNA Quality」の見直しで、「発言責任」は「発言責任・傾聴責任」へと進化させ、発言と傾聴を両輪で捉え、実行していくとのことでした。

■多角的な事業それぞれの裁量

インターネットサービスからスポーツ、ヘルスケアまで多角的な事業ポートフォリオを持つDeNAでは、以前から事業部の「裁量を大きくしてきた」こともコロナ禍に耐える「基礎体力」の一つであるとして紹介されていました。

「事業特性に応じて働き方も変わる」と多様な現場の存在に触れ、「もともと本部長クラスに権限委譲されていますので、各事業部がそれぞれ考え、最適化し、メンバーに説明することが現場に合わせた形で行われています」と、従前からのミドルマネジメント層の役割の大きさが、危機下の臨機応変さにつながっていることを教えてくれました。

　一つの組織でありながら、各事業部の裁量に任せ、新型コロナウイルス対応を含め、働く環境の在り方を現場ごとに整えてきたエピソードは、理想的な印象があります。しかし、社員から公平性などの不満が出ないとも限らないのではないかと伺ってみました。

　菅原さんは「説明可能な最適化の理由が明確にあり、働く環境を良くするのはなぜか、それは事業のためであることも、ミドルマネジメントがしっかり語ることができる」と言い、さらに驚くことに、「事業部によってはクレド（行動指針）を持っていて、月次の会議でクレドの確認などを行っているところもある」と、各事業部の中での徹底したチーム意識と、そのための工夫を紹介してくれました。改めて同社における事業部の存在の大きさを思い知らされました。

　では、DeNAを一つの組織として横串を刺しているものは何か、新たな疑問を投げ掛けてみました。菅原さんは、「それは『DeNA Quality』である」としながら、DeNA全体と事業部は重層的な構造を成していると説明してくれました。

■基盤となる価値観「DeNA Quality」

　中途採用で入社する社員も多い中、「DeNA Quality」をどのように浸透させているか、その具体策についても伺ってみました。

　「入社時の研修でも説明していますし、半期に一度行っている組織状況アンケートの中にも『DeNA Quality』についての設問が含まれています。加えて、半期ごとの人事評価においても、個人として『DeNA Quality』に対してどう取り組めたかを振り返るタイミングがあります。カルチャーブックなどの媒体もありますが、一方通行のコミュニケーションにとどまってしまいますので、双方向性と継続性を持ったコミュニケーションを行っています。これがカルチャーの醸成に一番大事だと思っています」
と菅原さん。

　「日々の業務の中で『DeNA Quality』にそぐわない行動が見られた場合

は、マネージャーや同僚からフィードバックがあり、それが日常の光景になっている」とのこと。研修や評価などの「仕組み」と、「日常」への落とし込み、さらには、それらを継続的に循環させていくことが、「DeNA Quality」浸透のキーになっているようです。

▲2009年に掲げた「DeNA Quality」を2022年4月にバージョンアップさせたもの

取材直前の会議では、まさに新年度にマネージャーに就任するメンバーを集めた研修を行っていたそうです。

「『DeNA Quality』を体現する手本になることに加え、メンバーにふさわしくない行動があった場合は、必ずその場で本人にフィードバックするように、ということを伝えました。『制度があるから取り組む』というのでは形骸化するので、この日常的な対話が本当に大事だと思っているんです」

菅原さんの口調は、マネージャーたちにも同様かそれ以上の熱量を持って語ったのだろうと思わせるものでした。

各事業部が裁量を持ち、それぞれがDeNAとして柔軟かつ迅速に意思決定を行う背景には、ミドルマネジメント層がこの価値観を体現し、チームに求めていく日々の積み重ねがあることが分かりました。

「競争の差別化要因の源泉は人的資本に移ってきており、人の力を最大限に活かすためにはコミュニケーションや対話が大事だと思います。感覚的なものですが、当社も昔よりもコミュニケーションを意識的に強化していると感じています。組織を良くするコミュニケーションや人事施策を何のために行っているかというと、事業を良くするため。逆に言うと、事業で勝つためにはこうした取り組みが必要。そんなふうに考えています」

菅原さんは「組織開発は対話」であると、最後に語ってくれました。

DeNAが多角的な事業を有しながらも、各現場が自走的かつ迅速に動けるのは、日々の行動指針が息づいているだけでなく、柔軟性を持って危機に対

応した組織力によって、コモディティ化が進みやすい今日の市場を生き抜く力につながっていることにありました。それが今回の取材で明らかになったと言えます。

［2024年3月追加取材］

\Update!/
ディー・エヌ・エーの現在とこれから

　前回取材の大きなトピックだった「DeNA Quality」は、2024年4月に更新されています。その理由と意図について、菅原さんにお話を伺いました。

■永久ベンチャーへの原点回帰

　「やはり原点回帰ということです。2024年に創業25周年を迎え、組織としても大きくなりました。でも、私たちは決してエスタブリッシュメント（確立された体制）になりたいわけではなく、『永久ベンチャー』として挑戦し続けたい。だから、創業期から当社がこだわってきた『球の表面積』という言葉を明記し、らしさを失わず少しでも世の中を変えていこうとする熱量を再認識しています」

　DeNAはピラミッド型組織でなく球体型組織を志向しています。見る角度によって無数の真正面が存在する球体のように、新人からベテランまで社員全員が会社を代表する気概と責任を持つこと。次の中期経営計画を検討するにあたり、行動指針である「DeNA Quality」を改めて見直し、「球の表面積」であり続けるための価値観として5項目が掲げられています。

　同時にDeNAは人事制度も見直しました。「DeNA Quality」に基づく行動の振り返りを昇給時のチェックポイントに加えたことにより、日々の拠り所としてこれら5項目が社員に浸透することを期待しているそうです。

　「会長やCEOが創業の原点への想いを発信することも当然ありますが、『Synk!』では、各事業部の方々がバトン形式で、自分の好きな『DeNA Quality』を挙げて語る連載コンテンツがあるなど、経営も現場も改めて当社らしさの原点を語り、全社での共有を進めています」

DeNA Quality

~Delightにまっすぐ向かうチームであるために~

「こと」に向かう	本質的な価値を提供することに集中する
球の表面積	DeNAを代表する気概と責任感を持つ
全力コミット	2ランクアップの目線で、組織と個人の成長のために全力を尽くす
発言責任・透明性	チームで成果を上げるために、清々しいオープンなコミュニケーションを心がける
みちのりを楽しもう	挑戦には成功も失敗もあるけれど、そのプロセスも楽しんでいこう

2024年4月に更新された「DeNA Quality」▶

▲議論中の「Delight Board」3期生

■ボトムアップの「Delight Board」も

DeNAでは2020年に「Delight Board」という取り組みが発足しました。これは現場の社員が、日々感じた違和感や課題感に基づきボトムアップでプロジェクト化を提起する仕組みとしてはじまり、毎年ブラッシュアップしながら行われています。この事務局が、会社全体を良くするためのプロジェクトの起案や全体での起案募集の中から、社員投票で選ばれたものを実行する、といった取り組みもあるそうです。こうしたアクションは"DeNAのDNA"を

体現するものとも呼ばれています。

　現在、従業員数が数千名規模に成長したDeNA。それでもベンチャー企業らしさを失わないという決意の下、経営からのトップダウンのみでなく、現場社員がボトムアップでも提起し、さらに社員が経営と現場を主体的につなぐ役割も担うような動きと言えます。

　菅原さんは、「現在、当社にも課題は多くあり、その解決には全社の意識改革・風土改革が必要。そのためには、組織がどのように変化したとしても、DeNAの原点にこだわり続け、熱量を下げたくないと思っている。インターナル・コミュニケーションが必ず企業を成長させるとは言えないが、それを怠っていては企業の成長は難しいのではないか」とこれらの取り組みの意義について語ってくれました。

　「永久ベンチャー」であり続けようとするDeNAの、原点にこだわりながら新しい状況に対応し続ける動きは、経営環境のさまざまな変化の中で同社のビジネスにどう表れてくるのか、今後も目が離せません。

会社概要［2024年4月現在］
設　　　立：1999年3月
代　　表　者：代表取締役会長　南場 智子
　　　　　　　代表取締役社長兼CEO　岡村 信悟
資　本　金：103億9700万円（2023年3月末時点）
従 業 員 数：連結2897名（2024年3月期）
売　上　高：連結1367億円（2024年3月期）
本 社 所 在 地：東京都渋谷区
主な事業内容：ゲーム事業、ライブストリーミング事業、スポーツ事業、ヘルスケア・メディカル事業、新規事業その他
企 業 使 命：一人ひとりに想像を超えるDelightを　夢中になって遊ぶ愉しさ、日々実感する確かな便利さ　かけがえのない健やかさ、そして世界があっと驚く新しさ

　私たちがつくるDelightは、さまざまな形で生活に寄り添い
　人生を彩り豊かにします

　技術と情熱をもって、挑戦と変化を楽しみ
　世界にひろがる、未来につながるDelightを届け続けます

株式会社ベネッセホールディングス
株式会社ベネッセコーポレーション

♯介護と就労　♯DEI　♯理念の浸透

［2021年6月号掲載］

多様な人財と当事者理解の風土作り

　近年、介護を理由に離職する人は毎年10万名近いといわれます。女性活躍推進法に基づく「えるぼし認定」や、次世代育成支援対策推進法に基づく「くるみん認定」などの認知が広がり、従業員のワークライフバランスを実現すべく環境整備に取り組む企業は増えてきています。しかし介護に焦点を当てた場合は、介護休暇が時間単位で取得できるように「育児休業、介護休業等育児又は家族介護を行う労働者の福祉に関する法律」が改正されたものの、まだまだ認知や当事者同士の情報共有などに課題がありそうです（※）。

　今回は、株式会社ベネッセホールディングス（以下、ベネッセH）グループ人財部人財課の河原畑剛さんと小林美智子さん、株式会社ベネッセコーポレーション（以下、ベネッセC）人財支援部労務課課長の市川竜さんと伊藤由紀さんに、介護を含むダイバーシティの取り組みについてお話を伺いました。

※2024年6月時点で同法の周知義務等を含めた法整備の議論が進んでいる

■介護を当たり前に語れる環境作り

　ベネッセHはグループ内の介護リテラシー向上を目的として、2020年10〜11月に、グループ会社の株式会社ベネッセシニアサポートによる法人向

◀家族で話をしてほしいという想いが
込められた冊子版のハンドブック

けの仕事と介護の両立支援サービス「ベネッセのWork＆Care」事業リソースを活用し、「オンライン研修」「ハンドブック配布」の２つを実施。今後も仕事と介護との両立に関わる継続的な取り組みを行うことを21年２月に発表しています。その発表の中で、従業員の平均年齢が上昇するにつれ、今後５年で、グループ内で仕事と介護の両立に直面する従業員が倍に増える見込みであると書かれていました。

　従業員が実際に当事者としてこの問題に直面するのに先んじて、社内で介護リテラシー向上の取り組みをはじめた背景について質問しました。

　「介護保険法が議論された1990年代、当時の社長である福武總一郎は民間事業者としても高齢者福祉に取り組んでいかなければならないと語っていました。事業を行うだけでなく、従業員の介護についても支援していくべきだと、この時点でそれなりに制度も整えていました。しかし、介護の当事者となる従業員がまだ少なく、目下の課題として浮上していませんでした」
と語るのは、オンライン研修を担当する小林さん。変化を感じたのはこの10年くらいだと話す河原畑さんは、「介護はなかなか顕在化してこないし、しにくい。育児とは異なる」と言います。

　ベネッセHがこのテーマでセミナーを実施したのは2015年からでした。

　「多くの従業員にとって、介護は『何が分からないのか』さえ分からない状況だと思います。セミナーを始めた時も参加者はそう多くありませんでした」と、小林さんは当時を振り返りました。しかし参加者からは、「仕事と介護は両立できることが理解できた」と肯定的な感想が寄せられたとか。顕在化していないけれど、今後従業員が直面する問題だと認識していたベネッ

セＨのグループ人財部は、「ベネッセ（よく生きる）という理念を掲げている当グループだからこそ、やり続けないといけない」という使命感があったようです。

コロナ禍でセミナーはオンラインのスタイルに代わり、公開チャットと併用して運用された「こっそりチャット」（講師にしか見えないもの）には、参加した従業員から現在まさに直面している具体的な介護の悩みが送られてきたそうです。河原畑さんは「吐露できる関係性や、介護に関してお互いさまだと言えるような環境作りをしていきたい」と、この取り組みが目指す社内風土について語ってくれました。

■多様性が事業上必須だった創業時

多様な人財活用に力を入れるベネッセＨは、仕事（ワーク）と同時に仕事以外の生活（ライフ）も大切にし、「ワーク・ライフ・マネジメント」の考え方を10年以上前から徹底しているそうです。そのルーツはどこにあるのでしょうか。

「当社は岡山で創業した株式会社福武書店が前身。1980年代までは知名度も低く、どうしたら事業成長に必要な優秀な人財を採用できるかが大事な経営課題でした。その方策の一つが女性を積極的に採用することでした。創業者の福武哲彦は『志を持った人が資産である』と常々語っていました。当時から女性優遇ではなく男女平等を掲げており、制約があっても仕事を続けてほしいと、仕事と生活の両立をサポートする仕組みを整えていました」
と河原畑さん。1981年の朝礼で当時の福武社長が男女平等について想いを語った記録が残っているそうです。

男女雇用機会均等法の成立が1985年だったことを鑑みても、福武書店（当時）の多様性に対する取り組みは、事業上必要な要件であったと共に、ジェンダーにとらわれず人を活かそうとする創業者の信念から生まれたものだと感じました。

こうした考え方と実践が現在に至るまで脈々と受け継がれている背景には、

経営が従業員の声に耳を傾ける社内コミュニケーションの工夫があったようです。その具体例として、「1980 〜 1990年代は『拝啓 社長殿』という制度を通じて、社長に直接想いや意見を伝える機会があり、また、日々の業務を記録する『私の記録』という業務日誌でも上司を経て社長に意見を届ける仕組みがあった」と河原畑さんは紹介してくれました。

　現在は形を変えて経営と従業員の対話の場が設けられているそうですが、ベネッセＣの伊藤さんは「６年くらい前に所属していた子会社でも、従業員が上司や経営に直接意見を届ける活動が行われていた」と、自身の体験を振り返り、傾聴の風土を改めて実感しているようでした。

　「ベネッセＣの女性従業員の比率は約５割、女性管理職比率は約３割」と伊藤さんが示した数字からも、男女平等が浸透してきていることを確認することができました。

■介護世代に理解を寄せる若い上司

　ベネッセＣの市川さんは、介護をしているチームメンバーをマネジメントする立場でもあるそうで、「もともとスーパーフレックス制度を取り入れているので、上司と部下が相談して柔軟に勤務時間を調整することは当たり前。介護そのものの相談に乗ることはできなくても、両立できるようにサポートする声掛けはできると思っています」と語ります。

　さらに、自社のフラットな社風について言及しながら、「当社は年功序列がないので、若い上司が介護世代の部下をマネジメントする状況があります。自分の経験値だけでは語れないからこそ、研修などを通じて介護の実態や課題を知り、チームメンバーに理解を示すことが必要だと思っています」と、管理職の介護リテラシー向上の必要性を説明してくれました。小林さんの話によると、上長からの案内やイントラネットでの告知などが功を奏し、介護に関するセミナーなどに参加する管理職が増えてきているそうです。

　昨今、関心が寄せられる企業のダイバーシティ＆インクルージョン。これは社内に多様な人財が存在するという単純なものではなく、生産性やチーム

ワークに貢献するために人財を活かすことが前提ではないかと思います。子育てや介護に限らず、障害や国籍の違いなどを理解するためにも、自分が経験したことのない他者の状況を理解する職場作りを大切にするベネッセH・ベネッセCのエピソードから、仕事と生活の両立に直面する当事者が努力するだけでなく、共に働く人たちが当事者意識を持ってその事象を理解することが肝要だと学ぶことができました。

　顕在化していない従業員の課題にアンテナを張り、会社としてあらゆる層にメッセージを届け、社内で生活の課題を吐露できる雰囲気を醸成するコミュニケーション活動は、大変重要な要素となります。社内広報や人事の担当者が協力すれば、推進できるのではないかと感じました。

\Update!/ ベネッセの現在とこれから

[2023年12月追加取材]

　介護に関するセミナーを数年間続けてみて、管理職が当事者意識を持ってこの問題に取り組んでいることが散見されているようです。現在は人財本部でヒューマン・リソース・ビジネス・パートナー（以下、HRBP）を務める小林さんは、「部下が介護の問題に直面した時に上司が自発的に人事を担当する部署に問い合わせしてくるようなケースが増えてきている」とその実態を目の当たりにし、介護リテラシーが浸透していることを肌で感じていると語ります。

　株式会社ベネッセシニアサポートの井木みな恵さんは、介護の悩みを抱える人たちが集まる座談会に、グループ会社で悩みを持つ人が参加したというエピソードを紹介し、

　「当社が企業向けに提供している介護の相談窓口ホットラインのサービスがあります。その契約企業の従業員の方が参加できるオンラインの座談会も定期的に行っており、そこでは企業名は語らずニックネーム等で参加していただき、組織や企業の垣根を越えて介護に関する悩み事や両立で困っていることなどを話していただいています。当グループ企業からも参加できるよう

073

◀B-STAGEの様子

にしたところ、多くの方から『同じ悩みを抱えている人と話し合えて良かった』『またやってほしい』などの声をいただきました」
とこの座談会の意義を考え、今後も継続していく予定とされています。

■トップダウンとボトムアップで広がる活動

人財本部の河原畑さんは「グループ事業の大きな柱の一つとして介護があるため、このテーマが多く語られてきたが、2021年秋頃に経営陣の中でもダイバーシティへの取り組みと外部向けの開示を強化するべきという意見が出され、22年度にサステナビリティ本部を設置しました」と大きなコミットメントへと発展している状況を教えてくれました。現在、ベネッセが取り組んでいるテーマは、介護のほか、性的多様性への対応を含むジェンダーの平等、障害者雇用、外国人雇用、シニア年代の雇用や若手社員の抜擢などの年齢をテーマとした取り組みなどに及んでいます。

プライド指標に関しても、ベネッセHは22年、23年とシルバーに認定され、株式会社ベネッセスタイルケアはゴールド認定。23年6月にグループインした株式会社Warisもゴールドに認定されています。

また前回の取材以降の活動として、理念プロジェクトが進んでいることも教えていただきました。理念を軸として自社の未来を見つめようという動きが加速する中で、21年に「B-STAGE」というベネッセグループ従業員全員を対象とした「提案制度」が始動。その中には新しい事業アイデアを提案で

きる「新規事業提案部門」と日々の業務の改善点や気づきを提案できる「業務改革提案部門」の2つの枠が設けられています。23年度に提案された数は1700件を超えたということです。

「LGBTQに関しても初年度のB-STAGEで当時の新入社員たちが提案したテーマでした。ノミネートまでには至りませんでしたが、現在のダイバーシティの取り組みにつながる意見だったと思います」と河原畑さん。

最後に小林さんは現在のダイバーシティやインターナル・コミュニケーションの取り組みについて「パーパスの実現のためには、社員の成長と事業成長がつながって、お客さまに価値を提供していく。この流れを風土として定着させていきたい」と全てがつながっていることを示唆したようでした。

ベネッセの一連の取り組みは、「Benesse＝よく生きる」という社名の通り、企業が社員の「よく生きる」ことに向き合う姿そのものだと感じます。そしてその姿勢は理念の実践であり、さらに課題に対応・挑戦した経験はまた巡り巡って事業にもつながる…そのような循環が生まれつつあるのを垣間見た気がしました。

株式会社ベネッセホールディングス会社概要［2024年4月現在］

設　　　　立：2009年10月1日持株会社化に伴い、「株式会社ベネッセコーポレーション」より商号変更
　　　　　　　創業1955年1月28日
代　表　者：代表取締役社長CEO　小林　仁
資　本　金：138億5700万円（2023年9月30日現在）
従 業 員 数：連結1万6637名（2023年3月31日現在）
本 社 所 在 地：岡山県岡山市
主な事業内容：持株会社・グループ全体の経営方針策定および経営管理等
企 業 理 念：Benesse＝『よく生きる』
　　　　　　　Benesse。それは、「志」をもって、夢や理想の実現に向けて一歩一歩近づいていく、そのプロセスを楽しむ生き方のこと
　　　　　　　私たちは、一人ひとりの「よく生きる」を実現するために人々の向上意欲と課題解決を生涯にわたって支援します
　　　　　　　そして、お客さまや社会・地域から支持されなくてはならない企業グループとしく、いまと未来の社会に貢献します

株式会社リコー

＃働き方改革　＃コロナ禍への対応

［2021年7月号掲載］

大きな組織の変革はトップ・ミドル・ボトムで

　IoTやビッグデータ、AIなどの技術革新による第4次産業革命の進展、人生100年時代といわれる環境変化の中で、企業と働く人の在り方や関係性が見直されてきています。さらに長期化する新型コロナウイルスの影響によって、新しい生活様式や働き方への対応が大きな関心を集めています。

　株式会社リコーは連結子会社227社、連結従業員数約8万1000名を有し、オフィス向けの画像機器の製造・販売やデジタルサービスの提供などを主たる事業としています。この事業活動を通じて、リコーは顧客企業の生産性向上を支援すると共に、自社の働き方改革にも積極的に取り組まれています。今回お話を伺ったのは、人事サポート室働き方変革・D&I推進グループのリーダー斎藤夕紀子さん、鶴井直之さん、コーポレートコミュニケーション推進室事業広報グループの上田智延さんです。

■大きな組織の変革への挑戦

　まず、これまで社員の働き方にどう取り組んできたのかを伺いました。

　「多様な人材が活躍できるように、1990年代から働く人たちのための環境作りを進めました。2017年に社長に就任した山下良則（23年からは会長）は、これまでの延長線上ではないものとして、『働き方改革』ではなく『働き方変革』を重要経営課題の一つに位置付け、社長直下の新プロジェクトと

して組織化しました。メンバーは、人事、IT、マーケティング、広報、設計、生産などから集められ、人事制度や働く環境の変革も行いながら、意識やコミュニケーションの変革にも取り組もうと、関連部門と連携してきました」と斎藤さん。

　説明と共に共有された資料には、これまでの取り組みが時系列でまとめられていました。それを参照しながら、数年にわたってさまざまな施策を行った背景について質問しました。

　「働き方変革を進める中で、『これまでのスタイルを変えたくない』という社員もいました。ITツールを整備したからといって意識が変わるわけではないので、さまざまな工夫を行いながらも、社員の意識が変わるのに結果的に時間が必要だったということです」と鶴井さんは、多くの社員を有する組織の変革が容易ではないことを教えてくれました。

　リコーの創業は1936年。今日の実績や組織規模は社員の仕事に対する姿勢やワークスタイルに支えられてきた結果でもあると思いますが、その成功体験とも呼べるスタイルを変えることは、一部の社員にとっては受け入れ難いものだったのではないかと推察します。リコーはどのように解決しようとしたのでしょうか。

　「ポイントは大きく2つ。一つは全社一律ではなく、職種や仕事内容に合わせて柔軟に働き方を選択できること。もう一つは最適な働き方を社員自らが考えるということ」

　鶴井さんはリコーが目指すワークライフマネジメントの実現と、「はたらく歓び」の向上の考え方を示してくれました。「“はたらく”に歓びを」とは創立100周年を迎える2036年に向けたビジョンとして生まれました。「仕事を通じて得られる充足感・達成感・自己実現のこと」だと上田さん。山下社長がトップに就任した17年に、若手社員を中心とする有志が、半年にわたって協議を重ねて導き出したそうです。

　「具体的には、働き方変革プロジェクトチームが17 〜 20年度まで分科会を作り、各部門の代表者（主に部長クラス）が働き方変革に関する計画や進

挨を共有しました。最初の数年間は月1回、働き方変革が定着してきた昨年度は3か月に1回実施。部門を横断した連携や情報交換が盛んになると、新しい取り組みにチャレンジする部門が増え、またその人たちが発信するという良い流れになってきました」

さらに、「プロジェクトチームの活動や情報発信だけでなく、社長自ら、働き方変革について全社員向けにビデオメッセージを発信したり、国内外の出張時には必ず現地で働く社員と直接意見交換を行う場を作ったりしてきました」と鶴井さんは語ります。

未来のリコーを担うであろう若手社員が中心となって設定したビジョンの下、リコーは新しいワークスタイルを実現するための環境整備のほか、社員の意識を変えるために風土作りにも尽力してきたそうです。

その具体策として、例えば上司と部下の目標面談や進捗管理ではない、一対一の対話型の1on1ミーティングを制度化しました。ほかにも会議のルールを定めたり、コミュニケーションマナーのセルフチェックを行ったりできるようにしたそうです。さらに役員個室の廃止、カジュアルデーの導入（現在は毎日カジュアル推奨デー）、社内副業制度など、挙げればキリがないほど多岐にわたって取り組んできたようです。

こうした施策を行った後は、社員アンケートを行うようにしているそうで、1on1ミーティングを例にとると、8割以上の社員が「自分のための時間になっている」と回答したと言います。

「マネジメントの役割や評価を再定義するマネジメント変革も行いました。全社的な意識変革の一環としては、半期に一度、『働き方変革フォーラム』という社内イベントを開催。先進企業などから講師を招いて講演していただいたり、社員や役員のパネルディスカッションを通じてトップの言葉を社員に伝えたりしています」と鶴井さん。

ご紹介いただいたトップ、ミドル、ボトムの全階層に対するさまざまな施策から、リコーの変革に対する強いコミットメントを感じます。さらに、服装や会議の在り方など社員一人ひとりが当事者になったり、上司や同僚の変

▲自動化された製造ラインの監視および保守業務もリモートが可能になった（コロナ禍の工場での取り組み）

化を感じたりして、それらが組織全体の変革を推し進めたのではないかと考察します。

■自律的な社員がイキイキと働く姿

　新型コロナウイルス流行の影響は、リコーの職場環境にも及んだようです。「コロナでオンラインミーティングやチャットなどの新しいコミュニケーション手法が定着した実感があります」と、業務上のコミュニケーションが今日の環境に適応しつつあることを紹介してくれました。しかし昨今、企業のコミュニケーション担当者がよく口にするのは、リモート環境での社員間の情報共有や雑談などの新たな課題です。リモートワーク導入に加え、フレックスタイム制のコアタイムを廃止したリコーでは、社員同士の空間・時間共有をどのような方法で補っているのでしょうか。

　「リモートワークだからこそあえて朝礼をしよう、雑談のためのミーティングをしようと工夫している部署が出てきています。社員がリモート飲み会やリモートランチ会をしているという話も聞きます。会社としては、今後そういった社員一人ひとりの声に耳を傾け、全社の活動に取り組んでいかなければいけないと思っています」と、鶴井さんは課題認識を共有してくれました。

　このお話を伺って感じたのは、会社として課題認識を持って取り組むのは大切な視点ですが、課題に対して既に社員が自発的に動き出しているのは、同社が多くの施策を講じてきた働き方変革が浸透している証左ではないかと

いうことです。リコーでは、こうした変化の証を公式サイトの「リコーを変える新たなチャレンジ」と題した特設ページで、社外にも発信しています。

　「働き方が変わっていく中で、さまざまな職種でイキイキと働いているチームや社員がいることを紹介するのがコンセプト」と説明しながら、今後は社員一人ひとりが自分自身をどう高めていくかが重要になるのではないかと、斎藤さん、鶴井さん、上田さんは感じているそうです。

　「インターナル・イズ・エクスターナル」（インターナル・コミュニケーションは対外広報そのものだ）という考え方があります。リコーがこれまで長い時間をかけて取り組んできた活動は、今や同社が対外的に誇れる価値として、社外広報にも貢献するものだと期待が高まります。

\Update! /

リコーの現在とこれから

［2023年12月追加取材］

　前回の取材から約２年半が経ち、経営トップの下、大きな旗を振って進めてきた働き方変革は、もはやプロジェクトとして進める必要性がないほどまでに定着したと言います。一方で2020年７月から社員個々人の自律性を高めながらコロナ禍の新常態を作っていくために掲げていた「創ろう！　My normal」というスローガンを、今度は組織・チームとしての生産性やコミュニケーションの向上を期待し「創ろう！　Our normal」と変更されたそうです。組織単位での新常態といっても全社一律に同じ働き方をすれば良いというものではなく、各部署やチームのマネージャーを中心に、それぞれのチームにとって最適な働き方を考えてもらうという方針だったようです。

　鶴井さんは「働き方は変わっていくし、変えるものだと思う。そして、それを会社の成長につなげていくべきだと思っている。仕事だけでなくプライベートな時間も含めて生活が充実することが理想。働き方変革は人生を充実させるのと併せて、仕事の生産性や企業価値の向上も図ろうという欲張りな活動だと思っている。そのためには社員がやり甲斐を持てることが大切」と語ります。

◀富良野でのワーケーション
（環境教育）の様子

◀和歌山の地域事業者とワーク
ショップを行うマネージャー社
員

働き方を充実させる実験的な取り組み

　働き方変革が進んだリコーは個人のより良い働き方と同時に、組織でのよ
り良い働き方を追求するため、さまざまなチャレンジを行っているようです。
その一例としてワーケーションの取り組みが紹介されました。

　「若手社員を対象にワーケーションをトライアルで実施しています。入社
2年目の社員6名がチームとなり、通常の業務をリモートで行うほか、自然
の中でのアクティビティや地域住民のみなさんとのワークショップを通じて、
環境問題や地域の課題に関する理解を深めるプログラムです。23年度で3
年目となるこの試みは、同期の仲間意識醸成も目的の一つとしていますが、
富良野ワーケーションを経験した社員同士の縦のネットワークも生まれ、若
手社員の交流にもつながっています。また、マネージャー向けには、22年

度から和歌山県白浜町でワーケーションプログラムを実施し、部署を越えた交流が生まれています」

　リコーはこうした新しい働き方やその中から出てきた新たな課題への挑戦を通じて、その知見を社員のみならずお客さまにも提供しています。「"はたらく"に歓びを」という2036年ビジョンは、企業理念の「使命と目指す姿」になりました。その実現に向けて取り組んでいます。個人と組織のいずれの価値も向上させたいと考える企業にとって、リコーの事例は共感と今後への期待が高まるところではないでしょうか。

会社概要[2024年4月現在]
設　　　　立：1936年2月6日
代　　　表　者：会長　山下　良則
　　　　　　　社長執行役員　大山　晃
資　　本　　金：1353億円（2023年3月末時点）
従　業　員　数：連結7万9544名（2024年3月末時点）
売　　上　　高：連結2兆3489億円（2024年3月期）
本　社　所　在　地：東京都大田区
主な事業内容：〔デジタルサービス〕複合機、プリンター、印刷機、広幅機、FAX、スキャナ、パソコン、サーバー、ネットワーク関連等の機器、及び関連する消耗品、サービス、サポート、ソフトウエア、ドキュメント関連サービス、ソリューション等の販売
　　　　　　　〔デジタルプロダクツ〕複合機、プリンター、印刷機、広幅機、FAX、スキャナ、ネットワーク関連等機器、関連消耗品等の製造・OEM、電装ユニット等の製造・販売
　　　　　　　〔グラフィックコミュニケーションズ〕カットシートPP（プロダクションプリンター）、連帳PP、インクジェットヘッド、作像システム、産業プリンター等機器、及び、関連する消耗品、サービス、サポート、ソフトウエア等の製造・販売
　　　　　　　〔インダストリアルソリューションズ〕サーマルペーパー、サーマルメディア、産業用光学部品・モジュール、精密機器部品等の製造・販売
　　　　　　　〔その他〕デジタルカメラ、360度カメラ、環境、ヘルスケア等
企　業　理　念：■リコーウェイの使命と目指す姿
　　　　　　　"はたらく"に歓びを
　　　　　　　"はたらく"に寄り添い変革を起こしつづけることで、人ならではの創造力の発揮を支え、持続可能な未来の社会をつくります。

アクサ生命保険株式会社

＃DEI　＃社内コミュニティ　＃女性の活躍推進

［2021年8月号掲載］

多様性の先にインクルージョンを根付かせる

　「ダイバーシティ＆インクルージョン」（D&I、多様性と包摂）とは、性別・国籍・人種・宗教などの属性にとどまらず、多様な一人ひとりの考えや意見を包摂しようとする考えです。2020年10月に経団連が公表した「『ポストコロナ時代を見据えたダイバーシティ＆インクルージョン推進』に関するアンケート結果」には、「ポストコロナ時代の新しい事業環境に対応する上で、D&I推進が『重要』とする企業が96.3％」とあり、多くの企業が望まれる職場環境要件と捉えていることがわかります。

　従業員の自主的なネットワークグループによって多様性と包摂を推進するアクサ生命保険株式会社（以下、アクサ生命）に、組織としての取り組みと、その中で「エンプロイー・リソース・グループ（ERG）」が誕生した背景について伺いました。取材にお答えくださったのは、人事タレントCOE部長の水内香織さんです。

■人権意識とトップのコミットメント

　アクサ生命はインクルージョン＆ダイバーシティ（I&D）を経営戦略に組み込み、CEOをリーダーとする「インクルージョン＆ダイバーシティ・アドバイザリー・コミッティ」（IDΛC。現在は、アクサジャパン人事委員会）を09年に設置。多様性を尊重する企業文化と、社会や人々のニーズの変化

に機敏に応えることができる社会感度、対応能力を育成することを目的としているそうです。

「アクサ生命にとってのI&Dとは何か」という質問に対して水内さんは、

「I&Dは手段であって目的ではありません。お客さまに最高の商品とサービスをお届けし、社会の要請に応え続ける会社であるためには、多様なお客さまを理解し、社会の変化に柔軟に対応することが大切です。ジェンダー、LGBTQ、障害等の有無に関係なく、一人ひとりが自分らしく成果を上げ、アクサの一員であることに自信とプライドを持たなければ、お客さまにより良い商品・サービス、アドバイスは提供できません。当社はお客さまに最高の体験価値をお届けできるよう、従業員がその持てる力を最大限に発揮させる労働環境の整備を進めていますが、I&Dはその重要な基盤と捉えています」と、答えてくれました。

09年にCEO直下のIDACを立ち上げたことについては、

「全社的な取り組みにしなければ大きな変革はできません。従業員の4分の3は全国の営業店に勤務しており、I&Dを推進するには、本社にいるメンバーだけではカルチャーや意識改革にはつながりません。当時の社長が、日本でI&Dを推進しなければいけないという強い想いで営業のトップなどを巻き込みながら、IDACを立ち上げたと聞いています。マネジメント層だけでなく現場の声も聴きたいと、店舗の営業スタッフにも参加してもらったこともあります」
と説明してくれました。

ボトムアップ型のI&Dを実現したい意図があったのか伺ったところ、

「当社は、重い石をごろっと動かすような大事な決定はトップダウンですが、現場の声を聴かなければ持続しないと考えているため、そのプロセスを含めて仕組み化しています」
と、トップダウンとボトムアップのバランスについて示唆し、さらにアクサ生命独自の風土について次のように語りました。

「アクサ生命は、フランスに本部を置くアクサの日本法人と、勤労者の福

利向上施策として設立された団体保険専門会社の日本団体生命が、2000年に経営統合したルーツを持っています。フランスは1948年に世界人権宣言が採択された人権意識が高い国。差別撤廃という考え方よりも、その手前にある一人ひとりの存在意義や価値を認める人権を尊重する考えが強く、世界中のアクサにも浸透していると感じています」

■有志の活動を公式化したERG

コミッティが設置された2009年前後について質問すると、

「国内企業の多くは、女性の活躍推進に焦点が当たっていたように思いますが、当社では障害者雇用についても同じレベルで取り組みを強化していました。残念ながら、当時はアクサ生命でも障害者の法定雇用率を満たしておらず、トップがすぐにその改善を指示。『チャリティーではなく、チャンス』を方針として、障害のある人が能力を活かせる環境を整えることに重きを置きました。本社だけでなく、営業店でも対話を通じた採用活動を行い、入社後にトラブルがあった場合も、対話を重ねて丁寧に対応します。一朝一夕ではなく長く細やかに努力を重ねてきた結果、今では専門の採用担当者に、『良い人材に力を発揮してもらいたいからぜひ採用に協力してほしい』という声が寄せられるようになってきています」

アクサ生命が重視するインクルージョン＝包摂は、多様性のある人材を確保するだけでなく、それぞれの力を発揮してもらって初めて実現するものだと教えてくれました。もう一つのエピソードからもその様子がうかがえます。

「女性の活躍に関して言えば、当時は、男性上司が男性部下に声を掛け、アフターファイブの会話の中でキャリアなどのコーチングや意識改革につながるやり取りをするのは、当たり前に行われていました。しかし、子育てとの両立などに奔走する女性は、なかなかその機会に恵まれないという状況があったかもしれません。こうした無意識の慣習を改善する有効な施策として、当社は上長が責任を持って女性の成長を支援するスポンサーシッププログラムを導入しました。ただ、このプログラムだけで人が育つとは考えておらず、

◀幅広く参加を促すために積極的に「見える化」されるERGの活動

複合的なフォローアップ活動を数年かけて行います。もちろん試行錯誤の連続です」

多様性と包摂は、女性管理職のポジションをいくつ用意するなどの制度的なものにとどまらず、個のワークスタイルや現状の課題に、正面から向き合うことが肝要であると感じました。

ボトムアップ活動の一例として水内さんが紹介してくれたのが「ERG従業員の自主的なネットワークグループ」です。

「立ち上げ当時は有志によるもので、例えば、ワーキングマザーたちがランチ会などで子育ての悩みなどを共有し合ったり、手話でコミュニケーションする従業員が新しく入社した聴覚障害の人を自主的にサポートしたりするというものでした。17年頃にグローバル全体でそれらの活動を体系的に定義する動きがあり、各グループに担当役員を配し、組織として支援する体制が整いました。従業員は業務時間の10％をERGに使ってよいことになっています」

取材当時は、ERGとして、デフサインラングエージ（手話）、ジャパンウーマン＠AXA Japan、ワーキングペアレンツ＠AXA Japan、AXA Pride Japan、国際通り（多国籍な従業員のグループ）、介護、の6つのテーマが軸となり、各グループが自主的にランチ会や勉強会を行っていました。

さらに、年1回「インクルージョンカンファレンス」と呼ばれる全社的なイベントを開催し、ERGが一堂に会し、グループメンバーではない従業員

に向けても参加を促し、理解を広げていこうとしているようです。

　水内さんは20年6月に新たに公表した「すべての人々のより良い未来のために。私たちはみなさんの大切なものを守ります。」というパーパスに沿った活動として、I&Dをさらに浸透させていきたいと力強く抱負を語りました。

　個々が置かれた状態や抱えている事情を受け入れるのがコンセプトである多様性と包摂において、それぞれが能力を発揮できる職場環境を周囲と作り上げていくには、コミュニケーションがカギになります。当事者と周囲の相互理解を醸成するためには時間と労力が必要ですが、その現実を組織が認め支援する姿勢を示し続ければ、ポジティブに進化することが期待されます。

　水内さんは「従業員や現場が主体となるアクサ生命のインクルージョンの取り組みを社内に浸透させていくには、光を当て伝える広報部門との緊密な連携も欠かせない」と締めくくりました。

\Update! /

[2024年1月追加取材]

アクサ生命保険の現在とこれから

　2024年1月、再び水内香織さんよりお話を伺いましたが、その肩書きには新たに「カルチャー／I&D　COE部長」が加わっていました。これは24年1月より従来の「人事タレントCOE部」から社内カルチャーに関する所管が独立したことによるものだそうです。「きょうは新しい肩書の立場でお話ししたいと思います」と前置きして、まずお話しいただいたのはアクサ生命のI&Dの取り組みの象徴であったCEO主導の「インクルージョン＆ダイバーシティ・アドバイザリー・コミッティ」（IDAC）についてでした。

　「当社では社内コミッティの整理・統合が行われて、現在I&Dの取り組みはより大きな組織であるHR（Human Resources）コミッティの一部が進めており、IDACの名称はなくなりました。しかしもちろんこれはI&Dの取り組みが後退したことを意味しません。むしろ、CEO主導ではじまったI&Dを巡る諸活動が、各役職者、さらに一般社員レベルまで広がって『当たり前にやるべきこと』になってきたことに呼応しています」

◀「手話・筆談サービス」の仕組み

■社内のみならず社外活動にも広がるI&D

　各部門や現場での現状と課題を経営陣に伝えるボトムアップのアプローチとして大きな役割を果たしているのが、前回もお話を伺った「ERG」です。現在、特に活発に活動しているのは「介護」のグループで、当事者の集まりのほか介護に関心がある社員なら誰でも参加できる場も設け、月2回のミーティングが行われています。また、最近は不妊治療や更年期障害について専門家や産業医も交えて語り合える場も設けられるなど、その活動の幅も広がっているそうです。

　またERGからの提言でアクサ生命の新しいサービスがはじまった例もありました。まずは2019年にスタートした契約者向けの「手話・筆談サービス」。デフサインランゲージ（手話）グループからの問題提起によって、聴覚や言語機能に障害を持つ契約者が、オンラインで手話や筆談によって契約に対する問い合わせや各種手続きを行うことを可能にしました。

　またLGBTQ＋のグループの提案により、コンサルティングツールを男女のみの選択からジェンダーフリーに改良し幅広い方々にライフプランニングのコンサルテーションを実施しています。

　一方、水内さんによると、経営陣が意欲的に取り組んでいるのは、社員の半数を占める女性の活躍推進と管理職登用だと言います。23年9月にオンラインで開催した「インクルージョンカンファレンス」では、「エクイテ

ィ」（公正）をキーワードに、東京大学教授で「ジェンダー平等アドバイザリー評議会」議長も務めた白波瀬佐和子氏を講師に迎えた管理職向けのマネジメントセッションを開催しました。当日参加した管理職へのアンケート調査によると「満足度は96％」ときわめて高かったそうです。またセッションの模様は、後日イントラネットで全社員に公開されました。

　社内では女性管理職向けのワークショップ・研修も開催されており、性別にかかわらず一人ひとりが「会社全体を動かしていく」マインドが持てるようサポートを行っているそうです。

　こうしたアクサ生命のI&Dの取り組みは、国内企業ではきわめて先進的と言えるでしょう。特にボトムアップの原動力となるERGの活動は、多様なバックグラウンドを持つ社員一人ひとりのポテンシャルを引き出し、それがうまくビジネスの多様性や企業としてのパワーに結び付いていると感じました。「I&Dはまだ道半ば」と謙遜する水内さんですが、数年前まで多くの社員が言葉の意味すらよく分からなかった「Inclusive」の大切さを、全社で当たり前のように共有できるようになった現状には確かな手ごたえを感じているようでした。

会社概要［2024年4月現在］
設　　　　立：2000年3月
代　表　者：代表取締役社長兼CEO　安渕 聖司
資　本　金：850億円
従 業 員 数：7933名（2024年3月末現在）
本 社 所 在 地：東京都港区
主な事業内容：生命保険、医療保険、資産運用
パ ー パ ス：Act for human progress by protecting what matters.
　　　　　　すべての人々のより良い未来のために。私たちはみなさんの大切なものを守ります。

アイリスオーヤマ株式会社

♯危機時の判断力　♯文化の醸成

［2021年9月号掲載］

災害復興時の判断を支える企業文化

　日本は地震国。2011〜20年に地球上で起きたマグニチュード6以上の地震の約20％は日本付近で発生しています。また、気候変動の影響も年々深刻になっており、大雨による土砂災害も増加傾向にあります。自然災害が企業に及ぼす影響は、被災地か否かにかかわらず、サプライチェーンや物流、従業員の安全や生活維持などと幅広く、企業が災害への備えとして事業継続計画（BCP）を策定する重要性が増しています。しかし、いつ遭遇するか分からない自然災害に対し、企業が社内コミュニケーションを通じて貢献できること、備えるべきことはあるのでしょうか。

　本稿は、現在も、震災後の東北の復興に尽力するアイリスオーヤマ株式会社に焦点を当て、具体的な復興への取り組みとコミュニケーションとの関わりについて、広報室の羽鹿奈々さんと高岡真央さんに伺いました。

■灯油無料配布の独断とその裏側

　アイリスオーヤマのウェブサイト上に21年に開設された特設ページ「震災10年とアイリスのあゆみ」では、当時の出来事や象徴的な取り組みが紹介されていました。その中に、08年にアイリスグループとなったダイシン（1975年創業。現アイリスプラザ ダイユニカンパニー）に関する印象的なエピソードが取り上げられています。

　同社は東北最初のDIYホームセンターを開業した企業です。2011年３月12日、東日本大震災の翌日に電池や毛布を求める人が店舗に殺到したため、独自の判断で営業を再開。気仙沼店の店長は寒い中、燃料を求めて行列を作る人を前にし、１人10リットルまで灯油の無料配布を決めました。本部に電話がつながる状況ではなく、クビを覚悟しての決断だったと記されています。

　この行動は「目の前の困っている人を助ける」気持ちが表れたものだとして、「会長の大山健太郎が誇らしく感じているエピソード」だと羽鹿さんは言います。同社のウェブサイトにも「常に生活者の立場に立って考えるという『ユーザーイン（＝生活者の立場に立つこと）』の発想を身に付け、自分自身で判断し動いた」と記されており、グループ化して３年足らずのダイシンに、このマインドが浸透していた様子が伝わってきました。

　「グループ会社だからといって壁があるわけではなく、同じグループとして取り組む意識があります。大山晃弘社長がダイシンの店舗を回ってアドバイスすることもあります」

と羽鹿さん。さらに、理念を重んじる背景として次のように語りました。

　「アイリスオーヤマの前身、大山ブロー工業所の創業社長の大山森佑は、若くしてがんで亡くなり、息子の大山健太郎は19歳で社長に就任しました。社会人として働きはじめる前に社長に就き、会社を動かしていく上で何が大切かを考えたと言います。従業員がついてくるか否かは社長次第で、自分自身の考えや想いを従業員に伝えることで、目線や考えを共有し、温度差のない状態にしようと努力してきたことが、今につながっていると思います」

■ストーリーが想い・考えの共有を促す

　震災から10年後の21年１月時点で従業員が約4500名（アイリスオーヤマのみ）と、大山会長が会社を継承した時と比べると組織が大きくなり、「ユーザーイン発想」を含むトップマネジメントの考えや想いが、容易に従業員全体に届くとは思えません。どのような工夫をしているのでしょうか。社内外のコミュニケーション活動の一例として、媒体をいくつか紹介してくれました。

〔社内報『アイリスニュース』〕

年3〜4回発行、A4サイズ50〜60ページ。従業員やその家族を対象に、他部署の業務や働き方、会社が行っている取り組みの理解を深めるのが目的。

〔『朝礼集』〕

年1回発行、文庫サイズ。朝礼での会長、社長、役員の言葉などを収録。

〔社外報『アイリスインフォメーション』〕

月2回発行、A4サイズ10〜20ページ。主に取引先向けに新商品の説明などをまとめたもの。

〔各種公式SNSの活用〕

これまでnote、Instagram、Twitter、Facebookの運用を行ってきた。現在はX（旧Twitter）、Instagram、TikTokを運用中。「ユーザーイン発想」という哲学の下、ライフハックなど生活者に役立つ情報を提供するとともに、ユーザーの声を聞くことが主な目的。

その他、考え方の共有の機会として研修や会議にも力を入れており、新入社員研修、2年目、3年目の定期的な研修や会議を通じて、ユーザーインの考え方が再確認されているそうです。

羽鹿さんは入社2年目とのことですが、過去に会社で起きたことだけでなく、経営者の想いまでよくご存じで、その場にいたのではないかと思うくらいよどみなく、しかし情緒的な言葉を多用せずに、エピソードの中にある誰かの感情がこちらに伝わってくるような説明をしてくださいました。これは、同社のコミュニケーション・アプローチが事実情報の共有ではなく、物語や語りによるストーリーテリングの側面があるからではないかと推察します。経営者と同じように、従業員がユーザーイン経営を意識しながら自律的に業務を行うことができるのは、このようなコミュニケーションの工夫があるからなのかもしれません。

■「生活者の立場に立つ」を実践

朝礼の時の経営者の訓話を、『朝礼集』として毎年発行するというエピソ

▲社内外のコミュニケーション活動に活用している媒体例。左から、社外報『アイリスインフォメーション』、社内報『アイリスニュース』、『朝礼集』。社内報の想定読者には従業員の家族も含まれているという

ードから、トップダウンのコミュニケーションが強い印象を抱きました。しかし、入社１年目の高岡さんは、

「学生の時に受講したマナー研修で社内メールの書き方を教わりましたが、入社してみたら社内のやり取りはほぼ全てメッセージアプリ。堅苦しい感じがなく驚きました。また、社長が浜松町のオフィスに来た時には、従業員に声を掛けながら自席に向かいます」

と、トップと従業員にフラットな人間関係がある様子を実感と共に教えてくれました。

毎週月曜日に行われる新商品開発会議は、メディアでもたびたび紹介されるアイリスオーヤマの"名物"。

「失敗しても怒られるようなことはなく、従業員がチャレンジしたことが評価される場。失敗した後にどう改善できるかを考えるきっかけになります」

と、羽鹿さんは従業員個々の考えが尊重される組織風土について触れました。また、「上司と部下の会話の中でも『ユーザーイン』はたびたび語られ、上司も部下のことを考え、部下も上司のことを考えてコミュニケーションをとることが受け継がれている」とのことでした。

アイリスオーヤマの根幹にある「ユーザーイン発想」は、東日本大震災か

らの復興においても発揮されているようです。このことについて羽鹿さんは以下のように語ります。

「東日本大震災がターニングポイント。『ホームソリューション』から『ジャパンソリューション』へ、生活者の不満解決から日本の課題解決へと、事業の幅を広げることになりました。震災後、東北の復興にかなり力を入れていましたが、日本全国から被災地に多くの支援が寄せられたことを受け、現会長の考え方が『東北を代表する企業として、日本の課題にアイリスができることはなんだろう』という方向にシフトし、LED照明事業、精米事業、家電事業のジャパンソリューションに発展しました。東北を元気にすることで日本を元気にしようとする考えです」

具体的にはプラスチック製養殖用ブイからはじまり、育苗箱、クリア収納ケース、LED照明、家電、食品へと広がり、コロナ禍で全国的に不足したマスクの生産も話題となりました。「ユーザーイン発想」の存在は、事業だけでなく従業員のコミュニケーションの軸にもなっており、不測の事態や危機への対応という難しい局面での判断を支えているように感じました。事業だけに焦点を当てると捉えどころがないような印象がありましたが、取材を通して「求められることへの対応力」が同社の強みであると仮定するに至りました。

\Update!/
アイリスオーヤマの現在とこれから

［2023年12月追加取材］

取材から2年を経て、アイリスオーヤマの「ジャパンソリューション」は大きく拡大していました。例えば深刻化するわが国の労働力不足問題を解決すべく2020年に参入したロボティクス市場において、今や国内法人向けサービスロボットの主要事業者に成長しています。23年7月にはロボット開発を手掛ける東京大学発スタートアップ企業「スマイルロボティクス株式会社」の全株式を取得。また同年11月には初の自社工場である大連工場（中国・遼寧省）で製造したDX清掃ロボット「BROIT（ブロイト）」を24年半

▲DX清掃ロボット「BROIT」

▲美容機器シリーズ「MiCOLA」

ばに発売予定と発表しました。広報室の高岡真央さんによると「25年には自社でサービスロボットの設計・開発から製造・販売までを一貫して行える「ロボットメーカーベンダー」として自立。27年度には業務用清掃ロボット関連事業で年間売上約1000億円の達成を目指している」ということです。

そのほか、コロナ禍を経て新たな社会課題の解決として注目される「エアソリューション事業」にも新規参入。さらに節電需要の高まりを受けて10年より手掛けている法人向けLED照明事業とエアソリューション事業を組み合わせた「省エネソリューション事業」も展開しています。

個人ユーザー向け商品としては22年11月に初の美容機器シリーズ「MiCOLA」ブランドを新たにスタート。ヘアケア商品のほか、フェイススチーマーや光美容器などのラインナップを展開し、従来のファミリー層から若年層へユーザーの幅を広げる挑戦を行っています。

■事業を支える社内の情報網

2021年の原稿では言及しませんでしたが、こうしたアイリスオーヤマの柔軟かつ素早い商品開発力と事業展開力のベースには、グループ内最大の情報共有ツールである「ICジャーナル」の存在があるようです。

1990年頃にその原形が生まれたというこの情報共有ツールは、社員がそれぞれの部門で得た情報をパソコンやスマートフォンで毎日入力し、全社に共有するというシンプルなもの。職域での単なる見聞だけでなく、「その時

何を考えたか、そこにどのような意味があるか」など、社員は自らの意思や想いも書き込むことができます。高岡さんに聞くと「顧客のニーズや新しいトレンドの兆し、競合の動向など幅広い情報を得ることができるわが社に欠かせないツール。特定の社員のジャーナルを選択してフォローする機能もあるため、気になる部門の最新の情報をいち早く入手することも可能」とのことです。

　そして全ての社員に開かれたICジャーナルの最大の利点は経営陣と現場社員との情報格差をなくし、現場と経営陣の連携によって、スムーズな事業展開や災害やトラブル時の対策を練ることができることでしょう。

　事業規模の拡大に伴って、従業員数・組織が拡大しているアイリスグループですが、早くからこうした垣根のない社内コミュニケーションを築いていた企業文化によって、全ての社員の想いを「ユーザーイン発想」の徹底に向けさせることができているのだと感じました。

会社概要［2024年4月現在］
設　　　　立：1971年4月
代　表　者：代表取締役社長　大山　晃弘
資　本　金：1億円
従 業 員 数：6290名（2024年1月時点）
売　上　高：2280億円（2023年度）
本 社 所 在 地：宮城県仙台市
主な事業内容：生活用品の企画、製造、販売
企　業　理　念：1. 会社の目的は永遠に存続すること。
　　　　　　　　 いかなる時代環境に於いても利益の出せる仕組みを確立すること。
　　　　　　　 2. 健全な成長を続けることにより社会貢献し、利益の還元と循環を図る。
　　　　　　　 3. 働く社員にとって良い会社を目指し、会社が良くなると社員が良くなり、
　　　　　　　　 社員が良くなると会社が良くなる仕組みづくり。
　　　　　　　 4. 顧客の創造なくして企業の発展はない。生活提案型企業として市場を
　　　　　　　　 創造する。
　　　　　　　 5. 常に高い志を持ち、常に未完成であることを認識し、革新成長する生命
　　　　　　　　 力に満ちた組織体をつくる。

ロバート・ウォルターズ・ジャパン株式会社

♯DEI　♯男性の育児休業　♯女性の活躍推進

［2021年10月号掲載］

「個」の尊重の一つとしてのパタニティ

2021年6月に「育児休業、介護休業等育児又は家族介護を行う労働者の福祉に関する法律及び雇用保険法の一部を改正する法律」が成立しました。「男性版産休」と表現されることもある本改正法では、子の出生後8週間以内に4週間まで取得することができる柔軟な育児休業の枠組みなどが新たに設けられました。20年度時点で12.65％の男性育休取得率を、25年に30％に引き上げるのが政府の狙いです。

改正内容の一つには、「育児休業を取得しやすい雇用環境の整備の義務付け」というものがあり、研修や相談窓口の設置などが具体例として紹介されていますが、果たしてそれで十分なのかと疑問に思います。なぜなら、19年に厚生労働省が発表した「男性の育児休業の取得状況と取得促進のための取組について」によると、育児休業を取得しなかった理由として、「育児休業を取得しづらい雰囲気だった」を挙げた男性（正社員）が25.4％いたとされているからです。

「男性版産休」のように新しい制度を取り入れたとしても、社員が利用をためらうような雰囲気が組織内にあれば形骸化してしまい、働く人のワークライフバランスに貢献しようという、真の目的は達成されません。新しいことを受け入れる社内カルチャーを醸成していくことこそ、社内コミュニケーションが担うべき役割の一つなのではないかと思います。

ロバート・ウォルターズ・ジャパン株式会社は2016年時点で「パタニティ休暇」取得率100％を達成しました。取材にお応えくださったのは人事部長のよしみ・アーノルドさんで、ご自身にも小学生のお子さんがいらっしゃるそうです。

■トップ自らがロールモデルに

ロバート・ウォルターズ・ジャパンは、1985年にイギリスで設立されたスペシャリスト人材紹介会社の日本オフィスです。そのため、多様な人材が働く職場環境を想像し、新しい制度に対してもあまり苦労がないのでは、と推察していました。しかし、お話を伺ってみると、手放しで「パタニティ休暇」が浸透したわけではないようです。

同社では、独自の「パタニティ休暇」を2015年に導入。社員が配偶者との間に子どもを授かった場合、法定の育児休業制度に加えて、最大5日間の有給休暇を取得できる制度があるそうです。導入当初の様子についてアーノルドさんは、「社長も子どもと家族を大切にしており、『きょうは家族との約束があるから定時で帰るね』と周囲に声を掛けるなど、みなのロールモデル（お手本）だった。積極的に子どもや家族を大切にする雰囲気を作ってくれたのが良かったと思う」と振り返りました。

また、社長に子どもが生まれた際には、社長自身が「パタニティ休暇」を取得したことで、社員にも「パタニティ休暇」制度がさらに浸透したと、象徴的なエピソードの一つとして紹介してくれました。

社長が行動を起こす背景には、社員との「Coffee Catch-up」という、カジュアルに社員と対話する機会を常に設けていたのが、カギになっていたのではないかと推察されます。常時、社員の困りごとや関心事に耳を傾けていたからこそ、具体的なアクションとして取り組みがはじまったのではないでしょうか。トップやシニアマネージャーが積極的に制度を利用することによって、制度利用に対する前向きな雰囲気を社内に醸成することができたのではないかと考えます。

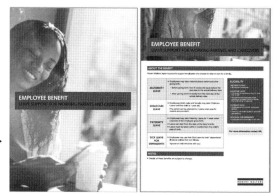

リーフレットには、子育てや介護などが▶
必要な家族を支えるための制度が紹介
されている(日本オフィス内の主な社内
コミュニケーションは英語で行われて
いる)

　アーノルドさんによると、現在では職階に関係なく、子どもが誕生した社員は全員、「パタニティ休暇」を取得しているそうです。

■ロールモデルからの波及

　ロバート・ウォルターズ・ジャパンには、独自の「ランチ&ラーン(昼食と学習)」という社員の学びの機会があるそうです。文字通り昼食をとりながら学ぶというスタイルで、ファイナンシャルセミナーや乳がんの理解を深めるもの、営業やマーケティングに関連するものなど、テーマも運営主体もさまざまなようです。

　「当社は国籍も人種も価値観も多様な人材ばかりですので、制度の認知向上はとても重要です。『パタニティ休暇』や男性の育児休業取得など、ロールモデルとなる社員が出てきた場合にはその人の知見を共有してもらうために、『ランチ&ラーン』を企画、実施しています」

　この対話型の知見共有の場が、社員にとって制度を理解したりするのに活用されていることが分かりました。

　また、ロールモデルとなる社員から学ぶという姿勢は、女性の活躍推進の面にも活かされているようです。

　「コロナ前は四半期に一度、レストランで女性管理職と社長が昼食をとりながら、女性ならではのチャレンジや問題、アイデアなどを意見交換する場の『Female Management Catch-up』という活動を実施していました。現在

はリモート開催となっていますが、参加する男性社員も増え、この場の意義が深まっています。例えば、男性管理職が『部下が産休に入るので、どのような点に気を付ければよいか、みなさんの意見を聞かせてほしい』とニーズを持って参加するケースもあります」

とのことで、活動の広がりを実感している様子がうかがえました。

■「個」の価値観を共有する意味

　「とにかく大切にしているのは、社員を『一人の人』として知ろうとすることです。当社のビジネスは人と人とをつなぐこと。だから働いている社員も人と関わることが好きという傾向にあります。さまざまな国籍や信条を持っている人がいる環境が当たり前で、その分、出てくる意見やアイデアも多様です。『なぜこのような考え方なのか』と、相手のカルチャーバックグラウンドとパーソナリティーの両面に目を向けて理解しようとすると、その反射で自分自身も『私はなぜこの考えを持っているのか』と改めて考えるようになります。つまり、自分の意見を伝えることは、相手を理解しようとする姿勢でもあると考えています」

　アーノルドさんの言葉には、多様性の共存のロールモデルとなる視座が込められていると感じました。

　「成果を軽視して、プライベートを重視しているわけではありません。パタニティに関しても、多様なライフスタイルや価値観の一つでしかありません。パフォーマンスに関わる部分以外で、社員を不要に管理しないのです。家族のためだけでなく、趣味の時間のために社員が休暇をとることが、当たり前に受け入れられるカルチャーがあります。一人ひとりの事情を尊重し、最高のパフォーマンスを出してもらいたいというのが、当社の考え方の根底にあるのです」

と語り、ED&I（Equity, Diversity and Inclusion）という最重要視する理念を紹介してくれました。上司と部下という関係だけでなく、人と人との平等な関係が前提にあるとのことです。

　近年、女性の活躍推進や男性の育児参加推進、介護による離職の防止など、個人が直面する課題に対し、官民両面が解決に向けた取り組みを進めています。しかし、一人ひとりが抱える事情は検討されないこともあるでしょう。課題ではなく、実現したい夢や挑戦を持っている場合もあるでしょう。

　社会認知が広がりつつある特定のテーマを掲げ、課題解決の動きを大きくするメリットを活かしながらも、社員が抱える固有の事情にも対応できるよう、各企業が自社ならではの多様性の実践やコミュニケーションの在り方を探求していただきたいと願っています。

\Update!/

［2023年12月追加取材］

ロバート・ウォルターズ・ジャパンの現在とこれから

　前回の取材から約2年。その間、2021年6月に改正された育児介護休業法が22年4月1日から段階的に施行され、男性の産休・育休に関する情報や環境整備が広がってきています。国に先行して「パタニティ休暇」を導入していたロバート・ウォルターズ・ジャパンには、どのような変化がもたらされたのでしょうか。アーノルドさんにお話をお聞きしました。

■個人の成長が企業の成長につながる環境作り

　「当社がパタニティ休暇を導入した時には、国による男性の育休支援制度はありませんでしたが、結果として当社の制度がその間のつなぎの役割を果たせていたのではないかと思っています。ただ自社の制度に比べて社会保険料の免除のことなど複雑なところがあるので、『ランチ＆ラーン』の機会を活用して社員への説明を行いました」

　国による支援が充実したとは言え、ロバート・ウォルターズ・ジャパンのパタニティ休暇がなくなるわけではありません。つまり国が推進する男性の育児休業も取得でき、さらに同社の5日間のパタニティ休暇も取得することができ、実際に多くの男性社員にいずれの育休も積極的に活用されているとのことです。

▲女性管理職のキャリア支援の一つ「Female Management Diner」

▲全社員参加型のミーティング「オフィスラップアップ」

　女性の活躍推進にも新たな動きが出てきているとアーノルドさんは語ります。その取り組みが、イギリス本国主導で行われている女性管理職のさらなるキャリアアップを支援するグローバル共通のトレーニングプログラムです。23年10月から実施されているこのプログラムでは、各国で選定された女性管理職を対象に、女性ならではのインクルーシブな決断力を醸成する内容など、管理職としての成功につながるスキルやマインドが提供されています。

　こうした取り組みの背景にあるのは「社員それぞれの成長が企業の成長につながる環境」という理想の姿だそうです。

■順調な時には気付かないインターナル・コミュニケーションの価値

　ロバート・ウォルターズ・ジャパンで長年取り組まれている活動の一つが、「オフィスラップアップ」という月１回のアップデートミーティングです。東京・大阪・ソウルのオフィスごとに全社員参加型で行われるもので、毎月オフィスのトップマネジメントが企画を考え、ファシリテートしながら月次の売り上げや今月入社したメンバーの紹介、その時に全社に伝えたいことがある部門からの発表など、さまざまなテーマで各オフィスの進捗が共有されているとのこと。アーノルドさんはこのラップアップを「自社にとって重要な活動です。毎月、その進め方や内容を進化させていることが、この活動の価値を維持していると思います」と語りました。そして「社員のエンゲージメント向上につなげるには、インターナル・コミュニケーションを円滑にしようとする意思と日々の改善に努めること」とも重ねて話されました。

　最後に、インターナル・コミュニケーションについて話をされたアーノルドさんの言葉を借りてまとめとしたいと思います。

　「インターナル・コミュニケーションは、うまくいっている時にはその成果を感じにくいものですが、うまくいかなくなった時に、その影響度を如実に実感するものだと思います」

会社概要［2024年4月現在］
設　　　立：2000年1月
代　表　者：代表取締役　ジェレミー・サンプソン
資　本　金：1400万円（2024年5月20日時点）
従 業 員 数：約400名
本 社 所 在 地：東京都渋谷区
主な事業内容：人材紹介・人材派遣・人材コンサルティング業務
企 業 理 念：「自らの可能性を諦めない人々に力を」
　　　　　　　クライアント企業や求職者との真のパートナーシップを築くことがすべての
　　　　　　　ビジネスの根幹にあると信じています。最適なマッチングをサポートし、企
　　　　　　　業の発展、求職者の人生に寄り添っていきます。

株式会社ユーグレナ

#ミッション・ドリブン　#行動指針の実践

［2021年11月号掲載］

次世代を主軸に据えた組織作りと行動指針

　2020年12月17日の『日本経済新聞』によると、同年の国内新規株式公開（IPO）企業の設立から上場までの平均期間は17年で、2000年と比較すると６年も短縮したそうです。上場や上場廃止だけが企業の価値を決めるものではないとはいえ、IPO企業各社は短期間で高い評価を獲得し、上場審査を通過する、つまり「信用」や「信頼」の獲得を短い期間で行ったと捉えることもできると考えます。

　本稿では、代表的なIPO企業の一つである株式会社ユーグレナにスポットライトを当て、新しい組織の成長を支えるコミュニケーションの妙を見いだしていきたいと思います。

　05年創業のユーグレナは、14年に東証一部（現東証プライム）上場を果たしました。「東大発バイオベンチャー」と称されることもあるようですが、創業の源泉には、代表取締役社長の出雲充氏が学生時代に訪れたバングラデシュで、「子どもの３人に１人が栄養失調」という課題を目の当たりにし、それを解決したいという想いがあったようです。

　ユーグレナは現在、食品などのヘルスケア分野以外に、バイオ燃料や遺伝子解析、アグリテックなどにも事業の幅を拡大。さらに、若い世代と共に未来を考えていくために、「CFO」（チーフ・フューチャー・オフィサー）という最高未来責任者のポジションを設置するなど、独自のスタイルを打ち出

しています。同社の持続可能な未来作りに対する積極的な姿勢に、筆者は以前から強い関心を抱いていました。

■事業の使命への共感が原点

出雲氏が探し求め、出会った栄養価の高い食材「ユーグレナ」（和名：ミドリムシ）は藻の一種で、当時は世界的に簡単に培養できない、つまり量産できないという課題があったようです。しかし05年に創業に踏み切り、その難問を乗り越えました。そこからわずか15年が経過した時点で、社員数は200名以上（単体）にまで増えたそうです。一般的になじみがない「社会課題を解決する」という事業目的に、多くの人が賛同した背景について、広告宣伝部にお話を伺いました。

「社名を『ユーグレナ』とし、食用ユーグレナの屋外での大量培養に世界で初めて成功したことや、バングラデシュの健康問題に貢献したいという出雲の想いに共感して入社する仲間は、創業当時から多かったです。現在でも新卒採用の仲間が、志望動機に創業の想いや理念への共感を挙げています」

理念に共感して入社した社員が多いというのは、ベンチャー企業では珍しい話ではないように感じます。しかし、ユーグレナの場合は成長速度に特徴があるため、そこに焦点を当てて掘り下げていきます。一般的には、IPO企業は上場に向け、別の企業で豊富な経験をしたエキスパートを多く採用する傾向にあります。エキスパートたちを一つのチームにするために、何か工夫をされたのか伺いました。

「創業から10年経過した頃は、さまざまなバックグラウンドを持つ仲間がほとんどでした。そのため工夫していたのは『自分ごと化する』こと。会社の在り方さえも『自分ごと化』してもらう必要がありました」

同社のウェブサイトに掲げられている行動指針「ユーグリズム」が策定されたのも、このタイミングだったそうです。

「私たちが『ユーグリズム』と呼んでいる行動指針は、社長が決めてトップダウンで仲間に浸透させるというスタイルのものではありません。仲間同

士でワークショップを行い、過去の社長の言葉を振り返りながら、仲間たちが受け取りやすいものをまとめ、その中から出てきた言葉を最終的に行動指針としたのです。ちなみに、当社では社員のことを同じ志を持つ『仲間』と呼んでいます」

と、検討開始から３か月ほどが経過した15年４月に、10項目で構成された行動指針がボトムアップで策定されたことを教えてくれました。

■日々ユーグレナらしさを確認する

　読者のみなさんは、行動指針を１日にどのくらい思い出しているでしょうか。筆者は企業理念の浸透に課題を抱える企業・団体から相談をいただくこともあり、組織の行動指針においても同様に、浸透の課題を抱えている企業が少なくないと感じています。ユーグレナでは、社員が増えていく過程でどのような取り組みを行ったのでしょうか。

　「社内の人数が増加する中で、当時は、毎週火曜日の朝会で10項目の行動指針を確認するようにしていました。例えば、『先日○○について社外のどこよりも早く検討を開始したが、これが行動指針の一つの○○そのものである』というように、その週に起きた事象や体験とユーグリズムの結び付きについて話し合う機会を設けるようにしました。これは現在も続けています」

　このお話から、理念や行動指針の形骸化を防ぐには、社員の日常業務や行動に関連付けて語ることが不可欠だと実感しました。また、創業15周年を迎えた20年８月、ミッションとビジョン、バリューを統合したフィロソフィーを掲げたことに加え、10項目あった行動指針は３項目に絞られたそうです。

　「検討のタイミングは新型コロナウイルス感染症が拡大しはじめた時期でもありました。コロナ禍での入社を余儀なくされる仲間もいたため、メッセージの明解さが求められるようになり、３項目になりました。フィロソフィーを『Sustainability First』とした理由も、コロナ禍で上司の判断を待つのではなく、一人ひとりが自分で判断できるように、自社の価値観をより分か

▲第2期CFOとのキックオフミーティングの様子

りやすくしたためです」

　15周年を機に見直された同社の根幹は、コロナ禍でも「仲間」が同じ使命を持って仕事ができる、また、迅速に行動化できる、という点に重きが置かれている印象を受けました。

■次世代のために、今、経営する姿勢

　行動指針に関しては、特筆すべき点がもう一つあります。それはリーダー版の行動指針が策定されていることです。ユーグレナの公式ウェブサイトを拝見した時には管理職向けのものだと予想していたのですが、実際は全く異なるものでした。

　リーダー版の行動指針は、次世代リーダーが集まって策定したもので、今の行動を確認するためのものではなく、どういう未来を作りたいか、地球環境を良くするため、社会を良くするために必要な心持ちは何か、という点に特化して練られたものだそうです。

　前述した取り組みの「CFO」の募集条件は18歳以下で、第2期目CFOはユーグレナ創業の年に生まれた現在16歳の学生です。会社（ユーグレナ）への提言に向けて、何をどう提言するのか、そのために必要なプロセスや打ち合わせについても、同じく10代の仲間やユーグレナの社員と共に取り組んでいるそうです。

　経営方針を考える上でも、現在の経営メンバー自身が、30年後に今と同

じような価値のある将来ビジョンを描けないのではないかという仮説が立てられ、将来、現役世代となる今の若い世代の意見を経営に取り入れるべきだという考えが、これらの活動の根底にあるようです。

お話を伺って、ユーグレナが設立から行った組織作りとしての社内コミュニケーションは、社員が会社の使命を「自分ごと化」することからはじまり、次に「仲間」が理念を体現する速度を高めるためのユーグレナ・フィロソフィー「Sustainability First」という軸が強化され、さらに社外の「次世代」を巻き込むなど、より良い未来を作るためのダイナミズムがあると感じました。

\Update! /

[2024年1月追加取材]

ユーグレナの現在とこれから

前回の取材から2年以上が過ぎた追加取材で、ユーグレナの行動指針「ユーグリズム」が大きく改訂されていることが分かりました。もともと「ユーグリズム」には10項目が掲げられていたそうですが、2020年8月に「Sustainability First」を制定し、それに対するコミットメントを強固なものにするために「新ユーグリズム」として3項目に集約されたとのこと。つまりリーダー版の3項目と合わせて6項目あったことになります。

その後、22年5月には同社のパーパスである「人と地球を健康にする」という目標への推進を加速させるためコーポレート・アイデンティティを一部改訂し、そのデザインもグリーンから、グリーン＋ワイルドピンクになりました。この改訂されたアイデンティティが、会議の場面など「仲間」の日々の行動に直結するように新たに制定されたのが、6項目から3項目へと収 斂された「新ユーグリズム」です。

◆7倍速

◆ちぎれるほど

◆あ・た・ま（明るく楽しく前向きに）

「『Sustainability First』」には、"ふんわりと優しい"イメージがありますが、

出雲氏が学生時代に訪れた▶
バングラデシュでの一枚。
2014年から「ユーグレナ
GENKIプログラム」が始動し、
バングラデシュに栄養豊富な
ユーグレナクッキーが届けら
れている

第3期CFO&サミットメンバ▶
ーによる10年後のユーグレ
ナ社のあるべき姿（euglena
SDGs=eSDGs）の提言

本当にそこに向かうにはスピーディで、情熱的で、強烈な挑戦が必要だと
いう想いを込めています。あえてインパクトのある言葉を使っているのは、
"狂気"と"信頼"の両立を意識しているからです。穏やかで優しいマインドに
加えて、新しいことへのチャレンジの姿勢を際立たせるためでもあります」

　ユーグレナの行動指針に掲げられた3つの項目はいずれもオリジナリティ
溢れる表現で、良い意味で聞きなじみがありません。ちまたでよく耳にする
表現ではないからこそ、その強烈な共通言語を仲間同士が会議などで日々使
うことにより、ユーグレナという組織コミュニティの連帯感や愛着を醸成し
ているのではないでしょうか。

　このほか「Sustainability First」を加速する動きは、社内にとどまらずユーグレナ独自のCFO設置という取り組みにも表れています。23年9月に4代目のCFOを募集したところ、いろいろな考えを持つ多くの未来世代がエントリーしてきたことを受け、これまでの「提言」型ではなく「共創」型へとアップデートされました。これが24年2月に発表された「未来世代アドバイザリーボード」の設置です。

　ユーグレナは23年12月に新執行体制を発表し、24年1月より若原智広氏と植村弘子氏の2名がCo-CEOを務めることになりました。最高財務責任者だった若原氏と最高ステークホルダー責任者だった植村氏の両名を経営トップに据える意思決定は、同社が事業成長と同等に社内の「仲間」や社外の「共創」パートナーなどとの関係性に重きを置いていることが伺えます。新執行体制を検討する際も「ちぎれるほど」に協議されたのだろう。「7倍速」の成長を見据えた人選なのだろう。「新ユーグリズム」はそんなふうに思わせるインパクトを持っていると改めて感じました。

会社概要［2024年4月現在］
設　　　　立：2005年8月9日
代　表　者：代表取締役社長　出雲　充
資　本　金：158億6779万円（2023年12月末時点）
従 業 員 数：連結1050名（2023年12月末現在）
売　上　高：464億8300万円（2023年12月末時点）
本 社 所 在 地：東京都港区
主な事業内容：ユーグレナ等の微細藻類等の研究開発、生産／ユーグレナ等の微細藻類
　　　　　　　等の食品、化粧品の製造、販売／ユーグレナ等の微細藻類等のバイオ燃
　　　　　　　料技術開発、環境関連技術開発／バイオテクノロジー関連ビジネスの事
　　　　　　　業開発、投資等
企 業 理 念：〔フィロソフィー〕Sustainability First
　　　　　　　〔パーパス〕人と地球を健康にする

日立造船株式会社
(2024年10月にカナデビア株式会社に商号変更予定)

#インターナル・ブランディング　#業態変革

［2021年12月号掲載］

次なる100年に向け創業の精神に立ち返る

2019年末からはじまった新型コロナウイルス感染症の世界的流行は、企業を取り巻く環境を複雑化し、将来予測が困難になる不確実性の高さを顕示したともいえ、企業に事業の見直しを検討せざるを得ない状況をもたらしました。既存事業の見直しや、新規事業の探索などの組織の大きな変化は、そこで働く社員のモチベーションや帰属意識にも影響を与える可能性があります。

企業が変化を乗り越え、未来に向かうためには何が必要なのか—。そのヒントを、「Hitz」の愛称で知られる日立造船株式会社（以下、Hitz日立造船）から探りたいと思います（※2024年10月にカナデビア株式会社に商号変更予定）。

Hitz日立造船は、創業以来約120年にわたって基盤事業であった造船業を02年に分離し、現在は造船で培った技術力を応用して、環境、機械・インフラの分野でグローバル展開する企業です。取材にご対応くださったのは、業務管理本部総務部長兼ダイバーシティ推進室長の児玉章盛さんと、業務管理本部総務部ブランド推進グループ長の杉本晋作さんです。1980年代に入社した児玉さんは造船業分離時代を知っていますが、2000年代に入社した杉本さんはその時代を知りません。就職活動中から既に、Hitz日立造船は造船業とは別の強みを持った企業であると認識されていたそうです。取材では、異なる立場や視点のお二人に、質問にお答えいただきました。

111

■変革のキーワードは「社員第一主義」

　造船業分離後に取り組んだ中期経営計画「Hitz Innovation」の一つに、「企業カルチャーの変革」があったそうです。当時社長だった古川実氏が語った「エンプロイ（社員）・ファースト」という言葉が変化を象徴するキーワードだったと児玉さんは振り返り、その姿勢が現在も大切にされていると語りました。また、杉本さんは『130年史』に記されている当時の具体的な活動や目標を、次のように紹介してくれました。

◆経営幹部による風土改革研究
◆中間管理職対象のマネジメント研究会
◆全社横断的な集まりであるコアオフサイト
◆職場内および職場を越えて有志が集まるオフサイトミーティング

　これらの活動を通じて意見が出された結果、「仕事をやり切る組織体質を定着させる」という到達目標とそのための課題として、

　①マネジメント・スタイルの改革
　②目的に向かって協力できる習慣作り
　③個人の自立性の醸成

の３つが挙げられたとのことです。

　その姿勢は改革後も引き継がれ、それまでは「当社」を主語としていた企業理念を、07年に「私達」に改訂しました。「私達は、技術と誠意で社会に役立つ価値を創造し、豊かな未来に貢献します」と社員を重視した基本姿勢を改めて理念に反映し、さらには経営姿勢、行動規範も改めて明示したそうです。

■創業者精神への原点回帰

　「造船業分離の変革以降に入社した社員の数は取材時には約3000名近くに上り、当時を知らない社員が増えています。取締役会長兼CEOの谷所も、『挑戦の精神でどんどんやっていこう』というメッセージを積極的に出して

います。今は未来を語ろうという雰囲気が広がり、私たちも挑戦を促すカルチャー作りのために努力を怠ってはいけないと考えています」（杉本さん）

苦しかった分離当時のことは忘れてはいけないものの、「今は会社がどうあるべきかを社員一人ひとりが自律的に考え、会社の方向性とベクトルが合っているか否かを、上司と確認するコミュニケーションができるようにしていかなければならない」と、未来に向け

▲日立造船創業者のエドワード・ハズレット・ハンター氏

た社内コミュニケーションを、今まさに進めているところであると教えてくれました。

さらに、社員が自律的に動くための求心力となるのは、「創業の精神」だと考えていることも教えてくれました。

「当社の創業者は、北アイルランド出身のエドワード・ハズレット・ハンターという人物です。創業者について表層的な人物像は残っているものの、創業者が何に取り組んできたか、日立造船がどのようにして大きくなってきたのかなどは、これまでは不明なことが多く、資料も乏しい状況でした。そこで、専門家に調査を依頼し、その成果物として創業の精神をテキストにし、世界各国の社員に配ろうとしています」

と杉本さんは、現在注力しているインターナル・ブランディングの一例を紹介してくれました。

■技術力に自信と誇りを持ち再び挑戦へ

ハンター氏が1881年に「大阪鉄工所」を興して以降、同社は造船業を中心に日本の近代化を支えてきましたが、時代の流れとともに造船業が不況となり、それを手放すこととなりました。しかし、その歩みの中で培われた技術力は現在、ごみ焼却発電施設、洋上風力発電やメタネーションの開発など、

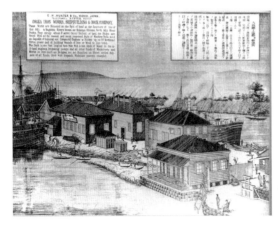

▶創業当時の大阪鉄工所
（Hitz日立造船の前身）
を描いた絵

環境問題やカーボンニュートラルに役立つ先端技術となって進化を続けているようです。

　「若い社員に創業の精神や自社が持つ技術力を知ってもらい、自信と誇りを持ってどんどんチャレンジしてもらいたい。そのために社内コミュニケーションに力を入れています」
と語る児玉さんは、入社以来、長年人事・労務に携わり、造船業分離前後の厳しい時代の中で、経営層も社員も苦渋の決断を迫られる、重大な局面を目の当たりにしてきたと言います。

　そのため、

　「現在、社内や社外のコミュニケーション、ブランディング、パーパス経営などの、前向きなテーマに取り組めることにワクワクしている」

　「人事や組織開発の視点でも、人との関係性や情熱が大事であると感じていた」

　「一人ひとりが情熱を持ち、それを伝えていかなければならない」
とも話してくれました。

　営業職を経験されてきた杉本さんも、

　「売り手の内面から湧き上がるものがないと、お客さまと向き合う時に情熱やモチベーションが高まらないと考えています」
と語り、ブランディングや社内への企業価値の訴求の重要性について話して

くれました。

　DX（デジタルトランスフォーメーション）や働き方改革、コロナ対応などの環境変化の中で、社内コミュニケーションが語られる時、ツールやハウツーに関心が寄せられることが少なくありません。Hitz日立造船でも、社内でデジタルツールを活用していると伺いました。

　しかし、変化し続ける時代を乗り越えてきた企業のコミュニケーションのカギとなるのは、社内コミュニケーションに関わるご担当の方が、「変わるもの」と「変わらないもの」を見極め、自社の軸となる価値を磨き上げようと努力し続ける胆力と、人と人とのつながりや情熱などの目に見えないものの価値に気付き、それを次の世代に継承しようとする意欲を持っていることではないかと思いました。

\Update!/
日立造船の現在とこれから

[2024年1月追加取材]

　2023年9月、Hitz日立造船は2024年10月より社名を「カナデビア株式会社」へ変更することを発表しました。戦後の財閥解体で「日立」グループから離れ、「造船」業分離からもすでに20年以上経過した同社は、新たな社名＝ブランドの下、大きな一歩を踏み出すことになります。新社名は、「奏（かな）でる」と、ラテン語で「道」という意味を持つ「Via」を組み合わせた造語で、多様性や協調を重んじ、新しい道に挑戦する企業としてのスタンスを表現しています。

　その新スタートに際して、児玉さんは前回の取材で大きなテーマとなった「創業の精神」に立ち返ることの重要性が「一層大きな意味を持つようになった」と話します。前回の取材後、21年10月に創業140周年記念事業の一環として主に社外向けの小冊子『ハンターさんと社史を読む』を発行し、社名変更決定に先立つ22年3月には社内の教育資料としてより詳しく創業者の事績と社史を紹介する『大阪鉄工所OIW（OSAKA IRON WORKS）からHitz日立造船へ』を発行しています。これらは対外広報のみならず、全社員

▲三野禎男社長（現会長兼CEO）によるキャラバンの様子　　▲新卒入社者内定式の様子

が1世紀を超える同社の事業展開とそれぞれの時代で培ってきた技術力について造詣を深め、より企業理念への理解を深めることができるテキスト資料として活用されています。

　また、社名変更にあたっては三野禎男社長（当時）自らが全国の事業所を巡って、社員に直接社名変更の理由と経営陣が考える企業としての未来について説明しました。現社員だけではなく、今も「日立造船」という社名に誇りと愛着を持つ社友との対話を進めたり、杉本さんらが講師となって新しく仲間に加わる新卒内定者にも新社名とそれに伴うブランディングに関する説明を行っているとのことです。

　そして、「私達は、技術と誠意で社会に役立つ価値を創造し、豊かな未来に貢献します」という企業理念を軸に、経営姿勢と行動規範を加えた「Hitz Value」の一層のの浸透・定着を狙った社内コミュニケーション活動も展開。「Hitz Value」のポスターやオリジナル動画の制作、さらに職場に掲示された大型ポスターに社員の誰でもが自らの仕事のこだわりを「漢字一文字」あるいは「ONE WORD」で書き込める「ウォールボード・プロジェクト」を展開しています。そのほか新しいブランディングに関する社内でのワークショップや勉強会なども数多く開催。多くの社員の共感と協調の下「カナデビア」として新しい歴史をはじめる準備を、社員のワークエンゲージメントなどの調査も踏まえながら、きめ細かくかつダイナミックに進めています。

　最後に児玉さんに『大阪鉄工所OIWからHitz日立造船へ』に掲載されてい

る寺院の梵鐘に関するエピソードを紹介いただきました。

　第2次世界大戦中、不足する兵器を製造するため寺院の梵鐘が軍に押収され、兵器の材料として溶かされてしまいました。しかし平和な時代がやってくると、今度は不要になった兵器を溶かして梵鐘に作り替えることになりました。

　Hitz日立造船には、戦後全国201の梵鐘を鋳造した記録が残されています。梵鐘作りにはその音色にも造詣が深い専門技術者が必要で、このエピソードは同社にそうしたスペシャリストがいたという証拠でもあります。彼らの尽力で戦後日本に平和の鐘の音が鳴り響いたのです。

　児玉さんが「どうしてもお伝えしたい」と語るこのエピソードは、「私達は、技術と誠意で社会に役立つ価値を創造し、豊かな未来に貢献します」というHitz日立造船の企業理念、そしてそれを支える技術力の価値を再認識させてくれるものです。同時に、新たなブランディングの際にも創業者の理念を大切にする同社の考え方の根本を象徴するようなエピソードだと感じました。

会社概要［2024年4月現在］

設　　　　立：1934年5月29日（創業1881年4月1日）
代　表　者：取締役社長兼COO　桑原 道
資　本　金：454億4236万円（2024年3月末時点）
従 業 員 数：1万2148名（2024年3月末時点）
売　上　高：5558億円（2024年3月末時点）
本 社 所 在 地：大阪市住之江区
主な事業内容：ごみ焼却発電施設、海水淡水化プラント、上下水・汚泥再生処理プラント、船舶用エンジン、プレス、プロセス機器、精密機械、橋梁、水門、防災関連機器等の設計・製作など
企 業 理 念：私達は、技術と誠意で社会に役立つ価値を創造し、豊かな未来に貢献します

イケア・ジャパン株式会社

♯コロナ禍の対応　♯ワークライフバランス

［2022年1月号掲載］

ポストコロナのワークとライフ

　世界中を混乱に陥れた新型コロナウイルス感染症の拡大。新しく開発されたmRNAワクチン接種が進み、感染者数が落ち着いてくるにつれて「ポストコロナ（コロナを経験した後の時代）」という言葉が使われるようになりました。それに伴い、コロナ禍における企業や教育機関などで導入されたテレワークを含めた国民の新たな暮らし方や働き方についての議論が政府と民間で活発化しています。その際、テレワークと対面が「二項対立」であるかのように議論されるケースが見られますが、今後のパンデミックや気候変動の影響などを想定するなら、いずれもコミュニケーション手法の一つとして捉え、柔軟に組み合わせることが望ましいのではないでしょうか。

　本稿ではポストコロナ時代に合わせ、デジタルコミュニケーションの在り方とオフィスの在り方を見直したイケア・ジャパン株式会社の取り組みに迫ります。取材にお応えくださったのは、コワーカーコミュニケーションリーダーの住友しのぶさん、パブリックアフェアーズリーダーの李ファミさんです。

■人の成長が会社の成長につながる

　まず、イケア・ジャパンの従業員に対する考え方について触れます。

　スウェーデン発祥でオランダに本社を置くイケアは、世界中で働く約16

万名の従業員を「コワーカー（一緒に働く仲間）」と呼んでいます。イケア・ジャパンでは取材時に、45か国からやって来た約3700名のコワーカーが働いていました。住友さんが紹介してくださった、2021年の国際女性デーに向けた動画『イケアの考える、職場と家庭でのイクオリティ（平等）』の中では、「平等こそが人権である」「未来は、誠実で透明性のある会社に訪れ、人権とイケアの価値の上に構築されるものだと信じている」とCEOが冒頭で語る様子が映し出されていました。

　住友さんは、イケアを支えている2つの理念を示してくれました。

〔ビジネス理念〕優れたデザインと機能性を兼ね備えたホームファニッシング製品を幅広く取りそろえ、より多くの方々にご購入いただけるようできる限り手ごろな価格でご提供すること。

〔ピープル理念〕イケアでは前向きな方に、人として、プロフェッショナルとして、成長する機会を提供します。そしてイケアでは全員が協力して、お客さまはもちろん私たち自身のためにも、より快適な毎日を作り出すことに全力を傾けています。

　「当社は、人が成長することで会社も成長するということを心から信じています。コワーカーは帰属意識を持ち、明確かつ透明性のある情報開示がなされ、耳を傾けられ、自分たちが大切にされていると感じる、人間的な組織の一部であると感じる、というあるべき姿を描いています。また、ビジネスの意思決定はコワーカーによって動機付けられ、コワーカーはエンパワーされた（力を与えられた）と感じ、お客さまを第一と考えて行動する責任につながると考えています。そのためにも、コワーカーはイケアに関することを常に最初に知るべきであると考えていますので、デジタルコミュニケーションのツールも活用し、コワーカーが簡単に情報にアクセスでき、タイムリーに最新情報を得る状況を実現しています」

と住友さん。「ピープル理念」を掲げるにとどまらず、社内コミュニケーションの考え方として、コワーカーにどういう状態であってほしいか、また、その状態がどう顧客の価値につながり、ビジネスの成長に貢献するかを明確

に定義されていることが分かりました。

■働く人のライフステージを尊重

　コワーカーは家にいる幸せを向上するイケアブランドの真のアンバサダーであると考える同社には、「職場での平等、家庭での平等」という考えと共に、性別、年齢、国籍、実績、ポジション、働く環境、ライフステージにかかわらず平等に働ける環境と、平等に成長する機会があるそうです。住友さんは特色の一つとしてキャリアの考え方をジャングルジムに例え、上に登ったり横に移動したり、「ライフステージや興味を中心に自分のキャリアは自分で築いていくことができる」「世界中の空きポジションを閲覧でき、自由にエントリーできる」と、柔軟な選択ができることを教えてくれました。

　「私のジャングルジムは、十数年前に副社長秘書と人事のポジションからスタートしました。その後出産し、子どもが10か月の時に職場復帰したのが14年。同一労働同一賃金のプロジェクトが立ち上がり、私はそのプロジェクトリーダーを務めました。当時、人事の業務を行う中でコミュニケーションの大切さを感じていたので、コミュニケーション部門が立ち上がると知った際に自ら手を挙げました」

と、李さんはご自身のエピソードを通じて、具体的なジャングルジムのキャリア事例を紹介してくれました。

　コロナ禍で子育て中のコワーカーが出勤できない状況が発生した際には、情報が少ないことによる不安を解消しようと、スマートフォンからも手軽に会社の情報にアクセスできるポータルサイト「Hej!（ヘイ!）」がグローバルで立ち上げられました。その結果、イントラネットや社内ソーシャルメディア、メールなどに一元的にアクセスできるようになったそうです。

　従前から社内ソーシャルメディアの利用も活発だったとのことで、使用率は全世界のイケアで日本がダントツの１位だそうです。イケア・ジャパン全体のアカウント、店舗ごとのアカウントと、それぞれ用途を使い分けたり、本部と店舗が連携をとったりしながら運用を進め、コワーカーのエンゲージ

Hej!
コワーカーポータル

▲スマートフォンからも会社の情報にアクセスできるポータルサイト「Hej!」。「Hej」はスウェーデン語で「こんにちは」の意

▲「#Recharge」でチャットや会話を楽しむコワーカー

メント強化に尽力されているとのことでした。

■ポストコロナに求められるもの

　ポストコロナのオフィスに求めるものは何か。イケア・ジャパンが対象となるコワーカー約200名にアンケートを行ったところ、83％が「一緒に顔を合わせて集まれる場所やお互いがつながり合える場所」をオフィスに期待していることが明らかになりました。「オフィスで集中したい」という声もあったそうで、今後も継続するであろうオンラインミーティングにも対応できるスペースの必要性や、ソーシャルディスタンスを大事にしながらも多様なニーズに応えるオフィスを作ろうと、プロジェクトチームが立ち上げられ、21年8月に本社オフィスをリニューアルしたそうです。本社オフィス内には、主要エリアに次に示すいくつかのコンセプトが設定されています。

#Co-Work：会話をしたり、同じ空間を共有できたりするスペース

#Focus：仕事など作業に集中したい時に使用できる静かな空間

#Online：オンラインミーティングやチームミーティング用のスクリーンで
　　仕切られた独立空間

#Chat：少人数のミーティングスペース

#Collaboration：多人数でのミーティングスペース

#Recharge：飲食・休憩スペース

#Inspiration：イケアのビジネスや歴史、商品群を展示するスペース

　今回の取材は、イケア・ジャパンのご協力によりオフィスに訪問することが叶いました。実際に集中してデスクに向かう方がいたり、「#Recharge」で和やかに談笑する方がいたり、多様なオフィススペースをコワーカーの方々が利用している様子を拝見することができました。その雰囲気から、出社率を抑えながらもカルチャーを維持・発展させる工夫と、そのカルチャーを現在進行形で具現化している方々の意欲を感じました。

\Update!/

イケア・ジャパンの現在とこれから

［2023年12月追加取材］

　いまだコロナ禍の影響下にあった前回の取材から約2年後のイケア・ジャパンを訪問すると、社内にはコワーカーの人々が戻り、肌身でオフィスの活気を感じることができました。

　「人が戻ってきて、オフィスに温かさも戻ってきました」と笑顔で迎えてくれたのは、前回と同じく住友さんと李さんです。住友さんによると「以前は週に1回（オフィスに）の出社をお願いしていたのが、今は週2、3回は来てくださいねということになっています。特にチームミーティングやブレインストーミングが必要な時、あるいは部署をまたいだコラボレーションが求められるプロジェクトなどは、みんなでオフィスに集まってフェイス・トゥー・フェイスでミーティングすることが推奨されています」

　実際、そうした性質の業務はオンラインより対面で話し合ったほうがスムーズに進むことを、ポストコロナ以降、コワーカーの方々も改めて実感しており、イケア・ジャパン社内で自然とそうした流れになっていったようです。

　前回の取材で伺った社内ポータルサイト「Hej!」については、この2年半の情報発信とそれに対するエンゲージメント（アクセス、コメント、Likeなどの反応）の分析を行い、「コワーカーが求める情報をより適確に提供できるよう進化させている。社内SNS『Vivaエンゲージ』とあわせて、社内デジタルコミュニケーションの柱となっている」と住友さん。また、メディア向けのライブストリーミングのアーカイブ化も進めており、コワーカーがいつ

▲対面とオンラインとハイブリッドで行われた「マンスリーサービスオフィスコワーカーミーティング」。2024年1月のIKEA前橋開業を祝う場でもあった

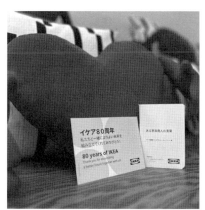

2024年に創業80周年を迎え、全世界で創業者▶
イングヴァル氏の151の言葉を収録した冊子が
コワーカーに配られた（日本では直属マネージャ
ー直筆のメッセージカードも添えられた）

でも視聴できるようにするなど社内情報の共有環境は確実に進化しているようです。

　イケア・ジャパンでは、いわゆる「ヘッドオフィス」のことを「サービスオフィス」と呼んでいます。それは管理部門がコワーカーの上に存在しているのではなく、現場と一体で仕事をしているという企業文化の表れです。「Hej!」はサービスオフィスや経営陣から現場のコワーカーへの情報提供（および共有）ですが、社内SNSは現場からの生の声をくみ上げるボトムアップのツールとして機能しており、イケア・ジャパンの社内コミュニケー

ションに欠かせないものだと住友さん、李さんは口をそろえます。

「代表取締役社長（兼Chief Sustainability Officer）のペトラ・ファーレ（Petra Fare）は自らも『コワーカーの一人』と自認しており、社内SNSでは自らのアクティビティを発信すると共に、コワーカーの投稿にもこまめに目を通し、しばしばコメントも寄せています」（住友さん）

「ペトラはコワーカーや店舗のお祝いごとにもすぐに反応して『おめでとう！』などとSNSでコメントしてくれますし、私たちにとってはトップというより、一緒に働く身近な存在なのです」（李さん）

このようなイーブンで開かれた企業文化の中で、コワーカー一人ひとりの個性と可能性を十分に活かすために重要となるのが、マネージャー・リーダーの部下に対するコミュニケーション。実はこれが多くの企業で苦労している部分なのですが、イケア・ジャパンではリーダーが部下に語る「ストーリー」をアシストするテンプレート集などを用意して、この難題の解決を図っています。

イケア・ジャパンのデジタルとリアルを臨機応変に活用する中で社内の課題に柔軟に対応していく企業文化は、ポストコロナを経た新しい企業コミュニケーションの在り方を示してくれているのではないでしょうか。

会社概要［2024年4月現在］
設　　　　立：2002年7月8日
代　　　表　者：代表取締役社長兼Chief Sustainability Officer　ペトラ・ファーレ
資　　　本　金：86億500万円
従　業　員　数：3900名（2023年8月31日現在）
本 社 所 在 地：千葉県船橋市
主な事業内容：ホームファニッシング製品（家具・インテリア・生活用品等）の製造・販売
ビジネス理念：優れたデザインと機能性を兼ね備えたホームファニッシング製品を幅広く取りそろえ、より多くの方々に購入いただけるよう、できる限り手ごろな価格で提供すること
ピープル理念：イケアでは前向きな方に、人として、プロフェッショナルとして、成長する機会を提供します。そしてイケアでは全員が協力して、お客さまはもちろん私たち自身のためにも、より快適な毎日を作り出すことに全力を傾けています

沖縄科学技術大学院大学

♯コミュニティとの関係作り　♯イノベーション

［2022年2月号掲載］

学術的価値をコミュニティと育む工夫

　科学分野の5年一貫制博士課程を置く沖縄科学技術大学院大学（以下、OIST）は、科学誌『ネイチャー』を発行するシュプリンガー・ネイチャー社の、質の高い論文の割合の高さを示す「正規化ランキング2019」で世界9位に位置づけられ、国内外から注目されています。2011年に設立されてから10年以内でトップクラスの評価を獲得したその背景には、優秀な教員やスタッフ、学生の募集活動など重層的な魅力があると推察されますが、そのような組織が取り組んできたコミュニケーションに迫りたいと思います。取材に対応くださったのは、広報担当副学長のヘザー・ヤングさんとメディア連携セクションマネージャーの大久保知美さんです。

■4つの重要なテーマ

　まずOISTのブランドについて、設立時から今日に至るまで、どのようなメッセージを重視して職員の採用や学生の募集を行ってきたかを伺いました。
　「OISTでは基本理念にひもづく、1.国際的であること、2.学際的な研究教育、3.卓越性の追求、4.人類のための英知の前進、という4つの柱が設立当時から重視されている」と、ヤングさんが紹介してくれました。
　学内におけるOISTのブランド認知向上や訴求に関しては、イントラネットや電子メールなどのツールを活用しながら取り組んできたそうですが、そ

125

の前提として、「OISTのキャンパスは人的交流を生み出すことを意図して設計されている」と大久保さんは語り、設立当初は今以上に対面でのコミュニケーションが積極的に行われていたと教えてくれました。

　「まだ学生の数も少なかった初期の頃、スタッフは小さなイベントをたびたび催し、教職員・学生との交流を積極的に行い、個々人に必要なサポートを提供することにつなげました。インフォーマルかつカジュアルなスタイルでしたが、大学の理念に即して入念に考えられたものでした。その後、大学は大きく成長しましたが、現在でもその文化をコミュニケーションの中に組み込もうと努力しています」

とヤングさん。OISTの学術的な教育やイノベーション創発を促進しようという理念が、OISTの価値基盤であり、キャンパスを設計する際から、学生を迎えて以降のコミュニケーション活動に至るまで、理念との一貫性を持って取り組まれてきたことがうかがえます。

■国際的ゆえに際立つ沖縄の価値

　「教職員も学生も異なる国や地域から沖縄に来ているため、一体感と学内コミュニティに対する意識の醸成を重んじています。特に設立当時は、学生やスタッフ同士だけでなく、地元の人などとの広範なコミュニティにおける接点創出も重視され、OISTが沖縄に存在する理由や、その価値を定義する必要性に向き合ってきました」

とヤングさんは語り、世界各地から集まってきた人々に"ホーム"を感じてもらえるように、また、そのことが学生や研究スタッフの研究に対する生産性に寄与するという確信を持って、現在も取り組んでいると教えてくれました。さらに、大久保さんはOISTの理念に改めて言及し、「世界トップレベルの大学院大学になること、沖縄の経済に寄与する知的クラスターの核となることを、学内で働く全ての人と分かち合い、みなが一つになり、協働しなければ、そのゴールに向かうことができないと考えている」と、沖縄という遠隔性のある立地が、一体感の必要性をさらに強めていると強調されました。

　別の機会に知ったOISTの取り組みも印象的でした。国際会議の際にハラール食（イスラム教で許されている食品）のケータリングを行う必要があったものの、当時近隣に対応業者がなく、OISTのカンファレンス・ワークショップ・セクションのメンバーが地元の飲食店に相談し、その店と二人三脚で対応したというエピソードです。国際会議やワークショップに積極的なOISTが抱く、ゲストに"ホーム"の安心感を提供したいという想いを象徴する実例だと感じました。

　この話に登場する職員一人ひとりのマインドにあるのは、「コミュニティ」「互いに敬意を払う職場環境」「インターナショナリズムを意識すること」だとヤングさんは語ります。21年末には、コロナ禍で母国に帰ることができない職員や学生が少しでも"ホーム"を感じられるように、学内でさまざまな文化や宗教を尊重したホリデーの雰囲気作りを行ったそうです。

　「沖縄にはおもてなしの心や、人に対して温かい土壌があります。ゲストや研究者などを歓迎し、親切にもてなすOISTの文化は、沖縄にルーツを持つメンバーや地域性の影響を受けていると感じています。その文化は、多様な文化や価値観を持つ他者に敬意を払う職場環境作りのベースにもなっていると思います」

と大久保さん。また、"オープンドア・ポリシー"を心掛け、地域向けのイベントや小学生・中高生向けのサイエンスイベントなども積極的に行うなど、新たな出会いを創出する機会を設けていることを教えてくれました。お二人の話から、OISTが国際的な大学でありながら、沖縄の特性や地域コミュニティが有する利点を吸収している、グローバルとローカルが共存するバランスの良い組織であると印象付けられました。

■研究者の生活面にも寄り添う

　取材前からOISTが臨場感あるビジュアルコンテンツをソーシャルメディアに投稿している様子を見ていたため、研究者との情報共有が円滑に行われていることが推察されました。これまでのお話から、広報部のみなさんが使

▲キャンパスの中心にあるセンターコート　　▲2021年夏に行われた沖縄ハワイSTEM共同教育ワークショップの様子

命感を持ってOISTの理念や価値に即した取り組みに尽力されている様子がうかがえましたが、研究者の方々は学内のコミュニケーション活動や相互連携にどのようなモチベーションを持って取り組まれているのでしょうか。

　ヤングさんは「プロフェッショナルとパーソナルの2つの側面がある」として、研究で成果を上げるには他の研究者との連携が欠かせないこと、そして人間的で社会性のある暮らしが必要であることを説明してくれました。

　また大久保さんは、研究現場からの情報を提供してもらえる関係作りのために、日頃の何気ない声掛けや雑談を大切にしていることに触れつつ、大学全体としても「教職員やその家族もOISTコミュニティの家族であり、その広義のOISTメンバーとの信頼関係を醸成するために尽力している」と語ります。それを象徴する存在として、「大学コミュニティサービス」という部署を設けており、教職員や学生の沖縄での生活に関する問題を解決するためのサポートを行っていると紹介してくれました。ヤングさんも日本の自動車運転免許証への切り替えなど、沖縄での生活基盤を整えるにあたり、このサービスにたびたび助けられたそうです。

　OISTでは学内のコミュニティ意識を重要視しているというお話を伺ってきましたが、研究に集中できる環境とイノベーションを生むための相互作用の裏側には、個々人のプロフェッショナルの部分だけでなく、生活面も親身になってサポートする、「沖縄での生活を快適に過ごしてもらいたい」というホスピタリティがありました。そして、メンバーがOISTの一員であることの価値を享受した体験を積み重ねることで、OISTコミュニティへのポジティブな感情が醸成され、研究や相互作用に積極的になるという、好循環が

生まれているのではないかと感じました。

昨今、大学に限らず企業においても多様性や包摂への理解や取り組みが進んでおり、いずれは多様性のある職場環境が特別なことではなくなる日がやって来ると推察されます。OISTは多様性だけでなく、多様なバックグラウンドを持つ優秀な学生や研究者が研究に情熱を注げるよう、家族や地域にも受け入れられる存在であり続けるための、人間味のあるステークホルダーマネジメントが実施されている印象を受けました。

\Update!/

[2024年1月追加取材]

沖縄科学技術大学院大学の現在とこれから

前回取材から約2年、OISTでもコロナ禍で実施が難しかったリアル参加のイベントが再開され、コミュニケーション活動が活発化しています。再びヤングさんに近況をお聞きしました。

■"オープンドア・ポリシー"の実践が活況

2023年11月、年1回のOIST最大のイベント「サイエンスフェスタ2023」が開催されました。完全対面での実施は4年ぶりです。この科学の祭典は、サイエンスショーや科学の実験を研究者と体験できるプログラムなど、子どもから大人まで楽しめる多彩なプログラムで構成され、参加者は広大なOISTのキャンパスを巡りながら科学の魅力に触れられます。今回は参加者を先着1000名の事前予約制として限定しましたが、受付開始から10分で満席となるほど人気だったそうです。

「当日は、OISTがどんな研究をしているかを地域に知ってもらうためにキャンパスを開放しています。今回は90名近くの研究スタッフ、博士課程学生、事務スタッフがボランティアとして参加し、来場者と直接触れ合う良い機会になりました」

また、月1〜2回実施の学内イベント「ティータイム」も、対面形式で再開されました。毎回設定されたテーマに基づき、研究者・スタッフ・学生が

◀約1000名の来場があった「サイエンスフェスタ2023」の様子

気軽に情報交換できる場で、そのテーマに応じて学外からのゲストが招かれることもあるようです。これらの活動に「地域に開かれた研究機関」の実践を見ることができます。

「地域の方々との交流を重ね、OISTはインターナルとエクスターナルという枠組みを超えてコミュニケーションしてきました。OISTのスタッフは大学スタッフであると同時に、地域コミュニティの一員でもあるのです」

■"創造とコラボレーション"の組織文化

ヤングさんによれば、新たにインターナル・コミュニティをリードするスタッフが組織に加わり、人事部門との日常的な連携も含めた学内全体のコミュニケーションを担当する体制へと発展しているとのこと。体制強化を進めるOISTは、ポストコロナのコミュニケーション活動にどのようなビジョンを描いているのでしょうか。

「まさに今、今後のコミュニケーション戦略を考えるため、学内全組織を対象にしたエンゲージメント調査を実施しています。『従業員の仕事と職場に対する情緒的なコミットメント』『エンゲージメントに影響を与える要素』『エンゲージメントの推移』『エンゲージメントが組織に与える影響』を主な観点として計測するものです」

このような調査を通じて、これまで取り組んできたことの、何がうまくいった活動といえるのかを見極めたいと考えていることも教えてくれました。

　「創造とコラボレーション」はOISTそのものであり、ヤングさん率いる広報チームが目指す文化でもあるとのこと。そのためにも、OISTのメンバーにとって、サポーティブな職場環境であることはキーポイントだと語ります。この言葉からは、世界から集まる研究者・学生にとっても地域社会にとっても、共にユニークで先端的な組織であり続けようとする意思を感じます。

　OISTは自らの存在意義に対して揺らぐことなく全うしようとしながらも、今後のさらなるコミュニケーション活動の活性化に向けて、現状を適切に把握し、戦略を再構築しようというフェーズにありました。過去の成功にとらわれず、客観的な評価をもとに次の計画を立てるということは、言葉で語るほど簡単なことではなく、前例踏襲的に進めている組織も少なくありません。OISTが今後どのような展開を見せるのか、引き続き注視していきたいと思います。

会社概要［2024年4月現在］
認　　　　可：2011年11月1日
学　　　　長：学長兼理事長　カリン・マルキデス
学　生　数：博士課程学生287名／54か国・地域（2024年1月時点）
教　職　員　数：1092名／67か国・地域（2024年1月時点）
所　在　地：沖縄県国頭郡
主な教育研究活動：教育研究活動は、物理学、化学、生物学、神経科学、数学・計算科学、環境・生態学、海洋科学、工学・応用科学の8分野だが、学部を設けず単一の研究科のみを設置し、分野の壁を超えた共同研究や交流が推奨されている
理　　　　念：〔世界が認める大学院〕
人類に恩恵をもたらす、世界最先端の学際的研究を行う機関としての地位を確立することを目指す。
〔選ばれるパートナー〕
沖縄でのイノベーションの実現にとって最適なパートナーとなり、触媒としての役割を果たすことで、経済成長と持続可能な利益を促進し、日本及び国際社会にとって重要な問題に対応するための役割を果たすことを目指す。
〔選ばれる目的地〕
効率的な事務部門の支援の上に、科学と教育を結びつけて、イノベーションと起業家精神を涵養し、研究・学習・共同活動の目的地となることを目指す。

サッポロビール株式会社

#治療と就労　#DEI　#健康経営

［2022年3月号掲載］

がん患者の個別性への理解を通じて

　近年、従業員が病気になった際に、治療と就労を両立できる環境や制度を整える取り組みが企業に期待されており、その代表的なテーマに「がんと就労」が挙げられます。その背景となる実情は2020年に厚生労働省が示した「がん患者・経験者の治療と仕事の両立支援施策の現状について」から知ることができます。

◆がん患者の約3人に1人は20代から60代でがんに罹患

◆悪性新生物の治療のために、仕事を持ちながら通院している人は44.8万人

◆がんと診断を受けて退職・廃業した人は就労者の19.8%、そのうち初回治療までに退職・廃業した人は56.9%

　さらに、がん治療を必要とする人の年代はさまざまで、異なるライフステージにおいて、身体的かつ精神的な負担や問題を抱えていることが指摘されています。

　このような現状に対し、国は第3期がん対策推進基本計画の中で分野別施策を講じることを打ち出しており、この内「がんとの共生」分野では、がん患者が治療と仕事を両立しやすい環境整備に向けて、企業、支援機関、医療機関のトライアングル型支援を提示しています。企業だけが環境整備の責務を担うわけではありませんが、職場は従業員が多くの時間を過ごす場所であることを考えれば、その役割は軽視できません。

■両立支援ガイドブックを作成

　サッポロビール株式会社は、2017年から治療と就労の両立に取り組んでいます。その活動と関連する社内コミュニケーション活動について伺いました。取材にお応えいただいた人事部プランニング・ディレクターの村本高史さんはご自身もがんを患い、闘病を経て復職された「がんサバイバー」です。サッポロビールが治療と就労に取り組んだ背景について、村本さんは冒頭、次のように語りました。

　「当社はもともと『治療と仕事の両立支援』を大きな柱としてきたわけではありません。働き方改革やダイバーシティ、グループ健康経営などに関連して、『治療と仕事の両立支援』においてもできることを見つけ、今までになかったものを加えながら進めた結果、今の活動があります」

　サッポロビールでは、働き方改革によるスーパーフレックスタイム制度や時間有休制度、テレワーク制度などの導入、また、ダイバーシティや健康経営の取り組みなどが推進されました。従業員の働きやすさやワークライフバランスに関する動きが全社的に加速する中、17年に人事部が健康保険組合のデータを閲覧し、予想以上にがんの検診・治療者が多いことが判明したそうです。当時、経営戦略部に在籍していた村本さんは、

　「がん治療者の個人情報などは守られていますので、人事部であっても健保組合のデータ以上の情報は得られません。それでも、予想以上に多いという実態を受け止めなければいけないことが分かりました。そこで治療と仕事の両立に関して、支援が必要な社員や上司がどのようにすればよいか、制度やステップを分かりやすくまとめたガイドブックを作ることになりました。私もがんサバイバーとしてこのガイドブックの作成に携わり、さらに他企業などのアドバイスも盛り込みながら完成に至りました」

と語り、作成された『がんなど治療と就労の両立支援ガイドブック』の特徴を以下のように紹介くださいました。

◆がん以外の疾病も対象

◆出社しながら治療を続ける場合と、会社を休んで治療を行う場合を併記

◆本人向けに作成しつつ、上司向け支援用コメントはパワーポイントのノート部分に記載

◆相談窓口として、社内窓口以外に外部の窓口や情報入手先も記載

◆誰でも閲覧できるように、完成後は社内イントラネットに掲載

　このガイドブックを制作した2017年から５年が経った時点で、今度は本人と上司それぞれに向けた改訂版の制作に着手しました（下記、Update参照）。

■社内コミュニティの発足

　治療と就労に関する取り組みが進む中、人事部に異動した村本さんは、18年にがん経験者の社内コミュニティを立ち上げようと準備をはじめました。

　「人事部内に提案した際に『なぜ、がんだけなのか』という質問が出たので、がんの個別性の高さを挙げました。がんは病状の経過や治療法が一人ひとり異なるため、がんに対応していくことで、自然と他の疾病にも展開しやすくなるのではないかと答えました」

　こうした議論の後に役員に説明したところ「非常に良い取り組みだからやってみるといい」と背中を押され、19年にがん経験者のコミュニティ「Can Stars」を発足。同じ頃、がんに罹患した社員の声を受け、労使交渉を経て、治療短時間勤務制度も導入されました。「Can Stars」第１回会合について村本さんは次のように振り返ります。

　「社員としてお互いのことを知っていながら、お互いにがんを経験したことは知らなかった、という人たちもいました。『あなたもそうだったの？』と驚き合ったり、体験談を披露し合ったりする中で、同じ会社の社員で同じようにがんを経験した仲間がいるという安心感が大きく広がっていました。以来、現在に至るまで、会合の席やコロナ前に行われていた親睦会などでは、真剣かつ明るく盛り上がっています」

　取材時には10名ほどのメンバーがコミュニティに参加しており、活動を

▲ 2019年8月に開催されたアフラック生命保険のコミュニティー「All Ribbons」との交流会の様子

▲ 現在は、同じ志を持つ複数企業や関連団体とともに、課外活動「生きている喜びを心から実感できるビールづくり」を展開中

イントラネットなどで発信しています。

　「現在のメンバーは『顔や名前を出してもいいよ』と言ってくれる人が多いのですが、病気は大変デリケートな情報なので、基本的には顔や名前を出す必要はないということを前面に出し、これから参加する人がためらうことがないように心掛けています」

　村本さんご自身は、がん再発の際に声帯を含めて咽頭部を切除したため、声が出なくなりました。復帰の際は社内関係者にメールで状況を説明し、声が出ないことに理解いただきたい旨を伝えたそうです（取材時は復帰後に習得した食道発声でお話しされていました）。それに関連し、治療と就労の両立に関わる社内コミュニケーション活動について、押さえておくべきポイントを教えてくれました。

　「１つ目は本人開示の難しさです。開示はあくまでも本人の自由。ただ開示することで『不利益を被るのではないか』『余計な心配をかけるのではないか』などの本人の気持ちも理解できる一方、開示をすると必要な支援が得られることもあるため、開示を促すのではなく、開示をしやすくするような風土を日頃から作っていくことが大事だと思っています。２つ目は周囲の接し方です。『どのように接したらよいか』と聞かれることがありますが、普通に接することが大事です。『このように声を掛けるべき』という正解はなく、当事者の話をよく聞き、自然に接してほしいと考えています。３つ目は人事部門の守秘義務を踏まえた働きかけです。病気の情報はデリケートなため、『Can Stars』ががんに罹患した人の同意なく情報を人事部門から得ることはありません。人事部から当事者に『Can Stars』に関する情報提供をし

てもらうことが重要になるので、全国の人事部門担当者にこの活動の説明と当事者への情報提供を依頼し、当事者にコミュニティの存在や活動の情報が届くように働きかけています」

「多様性」はジェンダーや人種、国籍などにカテゴリー化されることが少なくありませんが、がんと向き合いながら治療と就労を幅広く支援するために工夫を重ねるサッポロビールの事例から、「多様性＝個別性」であると再認識し、個々の意思を尊重しながらも、風通しの良い雰囲気を醸成することの重要性が示されたと感じました。

\Update! /

[2024年2月追加取材]

サッポロビールの現在とこれから

2年前の取材で触れられていた『がんなど治療と就労の両立支援ガイドブック』（以下、ガイドブック）の改訂版については、当初「本人編」と「上司編」の2種の予定でしたが、2022年に「同僚編」を加えた3種の改訂版が発行されました。村本さんにその理由を伺いました。

「私たちCan Starsのもとに、社内から『がんになった同僚にどう接してよいのか分からない』などの相談が寄せられるようになりました。そこでガイドブック改訂に参加していたCan Starsメンバーで話し合って『同僚編』を加えた3部構成とすることを決めました。同じ部署にがん患者がいた場合に仕事をどうするか、その当事者に関する情報の扱いなど、働く仲間として知っておいてほしい情報を網羅しています。Can Starsが一般社員向けに昼休みに情報発信するオンラインメディア『Can Starsカフェ』（年3〜4回開催）でも新しいガイドブックのことを取り上げて周知を図りました」

ガイドブック改訂版は社内イントラネットで全ての社員が閲覧できるほか、23年にはサッポロホールディングス社のウェブサイトから「本人編」「上司編」「同僚編」それぞれのパワーポイントデータを自由にダウンロードできるようにしています。

「PDFではなくパワーポイントにしたのは、他企業・団体などが当社のガ

◀「がんアライ宣言2023」
野瀬社長を囲むCan
Starsメンバー

3種類の『がんなど▶
治療と就労の両立
支援ガイドブック』

イドブックを自社版の叩き台として活用しやすいようにという考えからです。がんと仕事の両立支援に関して、社内の理解浸透にとどまらず社会全体での取り組みを後押ししたいと私たちは考えています」

　こうしたサッポロビールの取り組みは既に社会から広く注目されるようになりました。「がんと就労」問題に取り組む民間プロジェクト「がんアライ部」が、治療をしながらイキイキと働ける職場や社会の実現を目指して創設した「がんアライアワード」において、サッポロビールは18〜22年まで5年連続で「ゴールド」を受賞し、23年には最上位に新設された「ダイヤモンド」を受賞。また、厚生労働省委託事業「がん対策推進企業アクション」の令和4（2022）年度「がん対策推進パートナー賞（両立支援部門)」も受賞しています。

　「がんアライアワード2023」の「ダイヤモンド」受賞にあたり、サッポロビールの野瀬裕之社長は

　「当社はビジョンとして『誰かの、いちばん星であれ』を掲げ、行動規範『カイタクしよう』の中に“地域や社会の一員であることを自覚し、それぞれ

のコミュニティに寄り添って課題解決に貢献すること"をうたっている。今後もがんと仕事の両立支援に関し、社内の理解浸透に加え、社会全体での推進にも貢献できるよう、取り組みをさらに進めながら社内外に積極的に発信していきたい」

と話しています。村本さんは「経営者のこの言葉を聞いて私もがんサバイバーの一人として心強く感じました。そして私を含めたCan Starsのメンバーの全員が『温かく支えてくれた会社や仲間に恩返ししたい』と思っており、こうした社員の業務を通じた貢献は間違いなく企業の成長につながるでしょう」と話してくれました。

　Can Starsは2024年3月で発足5年を迎え、がん患者本人のみならず、その家族や遺族で新たにメンバーになった方もいるそうです。

　「企業と社会で治療と仕事の両立支援施策は着実に進む一方で、がんなどの病気になる人の不安や混乱はいつの時代も同じですから、一人ひとりに寄り添う姿勢は決して忘れてはならない基本です。Can Starsはそのスタンスを堅持して今後も当事者同士の相互支援を柱に社内外へのさらなる浸透・発信を行っていきたいと考えています」

と村本さん。前回の取材でも痛感した治療と就労における「多様性＝個別性」との認識は、今回の村本さんのお話を通して企業というコミュニティで共に生きる仲間一人ひとりに対する想いであることに改めて気付かされました。

会社概要［2024年4月現在］
設　　　　立：2003年7月1日（創業1876年）
代　表　者：代表取締役社長　野瀬 裕之
資　本　金：100億円
従 業 員 数：単体2156名（2023年12月末時点）
売　上　高：サッポロホールディングス連結5186億3200万円（2023年12月末時点）
本 社 所 在 地：東京都渋谷区
主な事業内容：ビール・発泡酒・新ジャンル・ワイン・焼酎などの製造販売、洋酒の販売、他
企 業 理 念：新しい楽しさ・豊かさをお客様に発見していただけるモノ造りを

株式会社技研製作所

♯DEI　♯男性の育児休業　♯女性の活躍推進

［2022年4月号掲載］

前例主義を打破し細やかな方策で変化を起こす

　2022年3月1日に世界銀行が公表した、世界190か国・地域の経済的な権利を巡る最新の男女格差調査によると、日本は21年の80位から順位を下げ103位で、日本のジェンダーに関連する諸課題が解決されていない実態が示されています。

　高知と東京に本社を構える株式会社技研製作所は、日本国内でも女性就労者の割合が比較的小さいと言われる機械関連業種の企業です。産業的な傾向や外資系であるか否かにかかわらず、企業の制度導入や社内コミュニケーションの取り組みによって、働く人の選択肢と意識が変わることや、ジェンダーギャップの課題解決を推し進めるだけではなく、企業の採用や業務の在り方にもメリットがあるということを、株式会社技研製作所の施策から感じていただけたら幸いです。

■男性の育休取得率が6割以上に

　1967年創業の技研製作所は、日本の高度経済成長期に建設現場から発生する騒音や振動の公害をなくしたいという創業者の想いから、圧入という原理を使った「サイレントパイラー®」を発明。現在は建設機械販売と圧入工事を主たる事業として展開しています。グループ連結で約670名の従業員は男性8割、女性2割という比率で、産業別で見る女性の割合より低く、男性

139

が中心的存在となる雰囲気があったそうです。しかし同社男性社員の育休取得率は、2018年度の0％から20年度の61.5％へと飛躍的に向上しました。この点から、状況が大きく変わったことがうかがえます。

　本稿は、技研製作所の社内環境の変化や、直近の数年間に取り組まれた活動などに焦点を当てていきます。取材に応じてくださったのは、内部監査室執行役員の簑田美紀さん、開発部製品統括課の赤澤裕子さん、工務部工務課の土居陽香さんで、3名とも「ポジティブ・アクション」プロジェクトのメンバーでもあります。

■「ポジティブ・アクション：Positive Action（女性の活躍推進）」プロジェクトの概要

◆女性主体、部門横断型の組織で、経営と一体になって取り組んでいるプロジェクト

◆「働きやすい職場づくり」「社員満足度の向上」「会社のブランド力向上」が基本方針

◆マネジメント経験や管理職育成も同プロジェクトの目的の一つ

　「男性社員が8割を占める当社は、18年当時の女性社員の平均勤続年数が6.6年と、同業種の全国平均の11.6年を下回っていました。また女性管理職は4名のみで、ロールモデルも顕著に少ない状況でした。女性社員も男性社員と同様に中心的役割を果たし、最前線で活躍できる体制の構築と人材育成が急務と考え、女性役員の先導の下、経営と一体になり、会社全体で取り組む女性中心の部門横断型の『ポジティブ・アクション』プロジェクトを18年に発足させました。活動では個々の特性も活かしながら、『法令よりも先にいく』をモットーに、経営陣と直接意見を交換して判断を仰ぎ、スピード感を持って取り組んでいます。また、コミュニケーション力や大所高所の考え方、問題解決におけるマネジメント手法を身に付けさせ、将来の女性管理職育成を図るべく活動しています」

と、活動背景や込められた意図、想いを紹介いただきました。同プロジェクトにはテーマごとのチームがあり、男性の育休取得はその一つとして、「男

性育休取得推進」チームが19
年にスタート。同プロジェクト
のマネージャーでもある簑田さ
んは、3人のお子さんを育てな
がら仕事をしています。

「1人目を出産した18年前は、
自分が休みをとることを申し訳
ないと感じていました。そんな
私が職場に復帰しやすいように、
さまざまな配慮をしてくれたの

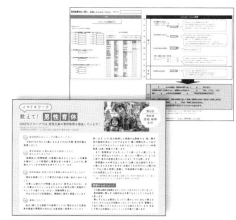

▲育児休業中の「給付金・支援金」シミュレーションの画面／
育休取得者の体験談を紹介する社内報の記事の一例

が当時の女性上司で、現在は当社の専務取締役を務めています。その上司は
『ポジティブ・アクション』プロジェクトの発起人でもあり、社内の環境を
変えるために、当時から積極的に発信してくれていました。振り返ってみる
と、今と当時は全く違い、大きく社内環境が改善されたと感じます」
と、ご自身の体験を通して、職場環境の変化を教えてくれました。さらに、

「この5〜6年で会社はさまざまな改善活動に取り組んできました。18年
に『QCサークル』活動（小集団改善活動）を全社で展開。毎年社内大会を
行い、各現場で確実に成果を上げ、社員の自己解決力向上につなげています。
また同年には『賢いワーキング』活動（時間外労働の撤廃）を実施。『定時
以降の内線禁止』のシールを高知・東京の全ての事務所内の電話機に貼り、
全社員の意識付けを行いました」と、社内環境を改善するためにスピード感
を持って取り組む雰囲気が、「ポジティブ・アクション」プロジェクト以前
からあったことを紹介してくれました。

■便利ツールの提供や社内報での発信

育休取得を推進しはじめた頃は、「日常業務を止めることになる」「給与が
下がってしまう」「妻が育休を取得しているため必要性を感じない」などの
声があり、推進の難しさを感じたとのこと。しかし、社員へのアンケートを

実施し、当事者の不安の声を聞き取り、それを解消するために、具体的な取り組みを実施していったそうです。

〔代表的な推進施策〕

◆給付金、支援金のシミュレーションツールを構築

◆対象者と上司への説明会を実施

◆グループ社員向け説明会を実施

◆育休取得推進を全社に宣言

◆「育児休業支援金」を創設

　育休を取得する当事者だけでなく、上司や同僚の理解が不可欠なため、全社的な意識改革を進めようと、育休取得がもたらす社員個人のメリットと企業のメリットが、組織の隅々まで届くように取り組まれたことがうかがえます。推進活動は意識改革だけにとどまらず、アンケート結果から見えてきた休業中の収入への不安に対し、国から給付される「育児休業給付金」を個人が簡単に計算できるシミュレーションツールを構築。イントラネットに開設した育休専用ページ内で、推進資料「男性育休のすすめ」、取得手続きマニュアル、申請書、Q&Aなどと共に公開したそうです。さらに21年9月から会社独自の「育児休業支援金」も導入し、3か月以上の取得者に対して最大15万円が支給されるようになったとのことでした。

　これらの活動の成果として男性の育休取得率向上だけでなく、女性管理職は、約3年でプロジェクトからは5名輩出、全体では8名となり、活動3期目には、厚生労働省主催の「イクメン企業アワード2020」でグランプリを受賞。プロジェクト発足時に設定した管理職育成やブランド力向上という目的にも貢献しているようです。

　「当社には創業者の理念として、社会課題の解決に対し『前例主義を打破する』という考え方があります。高度経済成長期の工事による公害をなくすために、これまで世の中になかった新しい機械を自ら発想して作り上げたところに起因しており、創業者で会長の北村精男が『科学は日々進歩しているのだから、どんどん新しい考え方で新しいことを取り入れなさい』というメ

ッセージを発信し続け、それが社内で浸透しています」

と、最後に簑田さんが語ってくれました。「社員を幸せにできない会社が、社会を幸せにすることはできない」とスピード感を持って職場環境改善活動に取り組み、成果につなげている背景には、創業者の理念が軸となるコンテキストを社員が共有していることがあるのではないかと感じました。

\Update!/
技研製作所の現在とこれから

［2024年1月追加取材］

前回の取材以降の変化に関して、「ポジティブ・アクション」プロジェクトを通じてさまざまな取り組みが進められてきたことを教えてくれました。2022年4月には全グループ社員とその家族を対象に社内講演会を実施。講師は認定NPO法人フローレンス代表（当時）の前田晃平氏で「男性の家庭進出がニッポンを変えるのだ！」と題して、企業の競争力や社会の少子化対策・ジェンダーギャップの是正のみならず、産後の体調不良や鬱に悩まされる奥さんの命を守ることにつながることなどの話がなされたそうです。聴講した社員からは「出産直後は壮絶ですよね、分かります。妻の授乳は大変でした」「夫と聴講できて良かったです」「女性の自分も初めて知りました」など学びの多い時間になったといいます。

23年7月には、21年9月に創設した「育児休業支援金」制度の内容をさらに拡充させました。これまで3カ月以上の育休取得者に男女問わず（第二子以降も対象）「月最大5カ円、合計最大15万円」を支給するというものを「月最大5万円、最長12カ月支給（合計最大60万円）」に変更されました。

このような環境整備の甲斐もあり、技研製作所の男性育休取得率は20年度の61.5％から、21、22年度ともに100％を実現しました。

■価値創造のための業務の効率化にも積極的

技研製作所の「前例主義を打破する」取り組みは、これにとどまりません。例えば、生産性・働きがいの向上と効率的な経営を実現する「GIKENの

▲「イクメン企業アワード2020」グランプリを受賞

▲ 月面での建設イメージ図：2022年、国土交通省「宇宙建設革新プロジェクト」において技術研究開発（R&D）契約を締結

ニューノーマル 5つのレス」。これはペーパーレス、出張レス、社宅（転勤）レス、オフィスレス、通勤レスを推進する取り組みで、コロナ禍で働き方の見直しを余儀なくされた状況をチャンスと捉え、新しい価値観を柔軟に取り込んだスタイルとのことです。

さらに業務におけるより高い品質管理を求める取り組みとしてQC（Quality Control）サークル活動も盛んに行っていると語ります。18年から全社で導入し、現在は全社員がQC検定3級以上を取得。毎年約50サークルがボトムアップで業務改善に取り組んでいるそうです。

簑田さんは「効率化で3割削減できたリソースを新規事業開発へ投入したいという経営からの要請があった。『宇宙建設革新プロジェクト』への参画やグローバル展開の推進など、新しい分野に挑戦できていることは、その成果を代表するもの」と、こうした活動が技研製作所の新たな価値の創出につながっていることを紹介してくれました。

こうした社員のワークインライフの充実や業務の効率化、組織の強靱化を進めることに関して「社員と社員の家族の幸せが当たり前になる企業文化を醸成していきたい。リーディングカンパニーとして社会を牽引するため、今後も情報発信をしていく」と社内への働き掛けのみならず、社会にも良い影響を与えていきたいという想いが語られました。

　前回の取材で感じたように、今回も技研製作所が事業や職場環境などさまざまな面においてスピーディに質を向上させる様子が伝わってきました。

　ワークライフバランスや働き方改革を進めることで生産性が低下するのではないかと懸念される経営者や管理部門の方には、技研製作所の取り組みを参考にしていただき、それらは共存可能な考え方であり、実践している企業があることを知っていただければ幸いです。

会社概要［2024年4月現在］
設　　　　立：1978年1月6日
代　　表　　者：代表取締役会長 森部 慎之助
　　　　　　　　代表取締役社長 CEO 大平 厚
資　　本　　金：89億5800万円（2023年8月末現在）
従　業　員　数：連結691名（2023年8月末現在）
売　　上　　高：連結292億7200万円（2023年8月期）
本 社 所 在 地：〔東京本社〕東京都江東区　〔高知本社〕高知県高知市
主な事業内容：・無公害工法・産業機械の研究開発および製造販売ならびにレンタル事業
　　　　　　　　・土木建築その他建設工事全般に関する業務ならびにコンサルタント業務
　　　　　　　　・土木施工技術・工法の研究開発
　　　　　　　　・上記に関する海外事業
企　業　理　念：一、我社は世の中の役に立つ独創的な「物」「方法」を創造し世の中に貢献する。
　　　　　　　　一、我社は顧客の立場に立って「物」「方法」を創造し、より価値の高い物を、お客様に与え続ける。
　　　　　　　　一、我社は正しい倫理の上に立ち、真面目な事業運営で永久繁栄を計る。
　　　　　　　　一、我社に対し力を貸してくださっている方々に少しでも多くの利益をもたらし、共存共栄を計る。
　　　　　　　　一、我社の社員は一丸となって努力し如何なる時代が来ようとも絶対につぶれる事のない強靭な体質を作り、事業の永久繁栄を計る。
　　　　　　　　一、我社の社員はもっともっと人間性を高め社会的地位の向上を計ると共に財産の増強を計る。

いづみ自動車株式会社

#DEI　#外国人人材の活躍

［2022年5月号掲載］

「同じ」を求める姿勢と「違い」を受容するマインド

　日本では人口減少や高齢化などを背景として、外国人人材の活躍を推進する動きがあります。しかし、在留資格の問題（想定される在留資格に応じた業務内容、在留資格を取得・変更する際の要件の確認など）や、生活・文化・仕事の価値観のすり合わせなどが必要になるため、受け入れを考える企業は不安も少なくないでしょう。

　1967年創業のいづみ自動車株式会社は、本社のある千葉県市原市を含め3つの拠点で、トラックやタンクローリーなど大型車の整備を行っています。その規模は年間車検台数約2600台で、3つの工場には1日当たり平均約120台の車両が入庫しているそうです。全従業員76名のうち20名が外国人（2022年4月1日現在）で、外国人人材がイキイキと働ける環境作りなどに取り組んでいます。

■国籍を超えた共通の人材要件

　2015年当時、整備士の採用が難航していたいづみ自動車に、整備士を育成する専門学校から外国人留学生の就職先を求める声が届いたそうです。

　「偶然にも同じようなタイミングで複数の専門学校からご相談をいただき、見学や面接に行きました。学校によって留学生の日本語力も差があることが分かり、日本語力の高い学生を数名採用することにしました」

　取材にお応えくださった代表取締役社長の田村圭さんは、外国人人材の採用のきっかけをこのように話してくれました。２年間の専門学校生活で、ある程度は日本の生活に慣れた人もいたと思われますが、文化が異なる国から来た人にとっては、日本のビジネスマナーや商習慣、いづみ自動車での業務を受け入れることは苦労も多く、入社後のトラブルも少なくないのではないかと推察されます。この点について、

　「何でもＯＫ、自由だよという会社ではありませんので、面接の際にひげやタトゥーは禁止であることなど、会社の方針を明確に伝えるようにしています。食事への配慮など文化的な側面も面接の時点で確認します。さらに、日本や当社で働くことで、何を身に付けたいかを確認します。その上で、時間を守ることや質の高い仕事をすることなど、当社の方針や価値観に共感した人を選定しています」

と説明しつつ、「つまり日本人の従業員に求めることと同じことを求めているだけ」と付け加えました。

　自動車整備分野でも外国人の受け入れが可能となった背景には、「出入国管理及び難民認定法及び法務省設置法の一部を改正する法律」（いわゆる改正入管法）があります。それにより、19年に導入された新たな在留資格「特定技能制度」では、受け入れ機関に求める基準の一つとして、雇用契約で報酬額や労働時間が日本人と同等以上などの待遇が定められています（いづみ自動車では、留学生から整備士エンジニアを採用しているため、特定技能制度とは関連していません）。

　行動規範を遵守することや、顧客に提供する価値の向上を追求する姿勢など、企業が人材に期待することは国籍にかかわらず共通のものです。組織に参画する前の段階でそれを明らかにすることが、重要なプロセスであると改めて理解しました。

■受け入れる側のマインドが重要

　田村さんに見せていただいた動画の中で、工場長を務める伯耆原真一さん

は、外国人を従業員として受け入れることになった17年当時について、以下のように振り返っています。

「私たちの工場としても会社としても初めてのことだったので、どうなるのだろうという漠然とした不安がありました。でも、実際に入社してきた人たちは人当たりが良く、メモをとるなどの工夫もしているので、作業指示の理解もスムーズでした」

さらに、今では冗談を飛ばし合うくらい楽しく働いていると、その後の雰囲気についても語ってくれました。いづみ自動車では国籍にかかわらず、従業員が充実感を持って大型車の整備を行うことが日常の光景のようですが、過去には苦い経験もあったそうです。

「20年以上前のことですが、当時働いていた日系ブラジル人の従業員の紹介で、数人の日系ブラジル人を雇用したことがありました。しかし、一部の心ない従業員の接し方によって、『こんなひどいことを言われたのは人生で初めてだ』と憤慨され、全員退社してしまいました」

外国から来た従業員につらい経験をさせたことが心に残っていた田村さんは、17年に外国人を受け入れるにあたり、「自分の子どもが外国へ働きに出た時のことを想像してほしい」と、役員や管理職に何度も伝えたそうです。また、「工場長など受け入れる施設のトップにいる者のマインドが、その職場環境を左右する」と考え、管理職教育を重視。その結果、同社で働くリーダーたちは、国籍に関係なく働く人たちを「仲間」として捉えるようになったと教えてくれました。

「乗用車の整備と異なり、大型車の整備は法人企業との取引になります。整備士は特殊で複雑な車に向き合う時間が長いため、職人気質で寡黙な従業員が多かったのです。だから休憩時間も静かでした」

と、外国人従業員が入社する前のいづみ自動車の雰囲気について話してくれました。技術者の気質が外国人人材の受け入れに影響したエピソードとして、「母国を離れて日本に来たのだから、技術を正しく教えてあげなければならない」と意気込んだ整備士が、社内学校を立ち上げたことも紹介してくれま

した。発起人の整備士の一人は、16年に田村さんと共にミャンマーを訪れたことがあったそうです。「日本との環境の違いを体感し、それでもあえて来日して就労することを選択した意義を重く受け止めていた」と、田村さんは分析しているようでした。

▲いづみ自動車では整備、車体特装、電装と幅広い技術が必要とされる

社内学校は、「すごトレ」という若手従業員が主体となって育成プログラムを考える取り組みに発展。外国人従業員も参加しているとのことでした。また、現在の休憩時間は、話し声や笑い声が聞こえる和気あいあいとした雰囲気になっているそうです。

▲入社4年目のバララ・アヌズさんは整備主任者となり、現在は整備の指示を出す立場になった

結婚するため、母国のネパールに2か月間帰省していたという整備主任者のバララ・アヌズさんは、

「子どもの頃から車が好きだった。いづみ自動車ではいろいろな車を取り扱うことができる。ここでは一般整備も板金も全般的にいろいろなことができ、いつかネパールで自分の工場を作れたらいいな…と考えています」と先の動画の中で、入社時の想いや将来のビジョンについて語っていました。

長期間の休みを取ることについて田村さんに伺ったところ、「特に若い従業員を中心に、違和感なく受け入れている様子が見られる」と、「違い」を受容する感性が高くなっている実感があると説明されました。

いづみ自動車にはダイバーシティ＆インクルージョンを促す象徴的な媒体やツール活用はありませんでした。しかし、日本人にも外国人にも「同じ」ことを求める採用の工夫や、「違い」を受け入れるマインドの醸成につながった社長の日々の発言と、整備士が環境の違いを体感した視察などに、現在の職場環境を成すに至ったヒントがあると感じました。

就労は一人ひとりの生活を支える重要な活動であり、そこに費やす1日当たりの時間は少なくありません。だからこそ企業側は国籍にかかわらず全て

の従業員に、「この会社に入って良かった」と実感してもらえるような職場環境を提供することが重要となります。そして、一人でも多くの人が日常を心豊かに過ごせるようになることが、より良いコミュニティや社会作りにつながるのではないかと考えます。

\Update!/
いづみ自動車の現在とこれから

[2024年1月追加取材]

前回の取材から2年弱。再び田村さんにお話をお聞きしました。

現在のいづみ自動車では年間2800台の車検を行い、従業員数は82名、そのうち24名が外国人人材と、いずれも増加しています。

「日本人であるとか外国人人材であるとか関係なく、国籍を問わず採用活動を行っています。そもそも日本国内においては整備士が減っており、自動車整備学校の新入生の半分が留学生だというところも増えています。当社の外国人人材の比率は市場の動きを反映したようなものです」

前回から変わった点として「ひげを生やすことは禁止していたが緩和しました」と教えてくれました。スリランカやネパールから来ている社員から「母国ではひげを生やしていないと男として認められない」などの声が上がったため、文化の違いを受容することになったそうです。また従業員数が増えたことについては「同じメンバーのままということではない」と田村さんは言います。

「この2年弱で4名退社し、4名が入社してきました。そして2024年4月から新たに4名が入りました。退職した4名のうち2名は人間関係の問題が理由だったため、まだ取り組むべきことがあると認識しています」
と、中小企業のダイバーシティやインクルージョンがそう簡単に進むものではない現実を共有してくれました。

■インクルージョンとは活躍の機会を提供すること

一方で、いづみ自動車で着実にキャリアアップを図ってきた外国人人材も

いるそうで、その中から現在は３名の整備主任者が誕生したとのこと。整備主任者とは分解整備ができ、他者による点検がなくとも、整備を終始一貫できる人材のことで、チームに指示が出せるようにもなるそうです。

「2023年11月に幹部育成を見据えたジュニアボードという制度を取り入れました。疑似役員を公募で募ったところ、２名から応募があり、二人とも整備主任者である外国人人材でした。１回目のミーティングで彼らに応募の動機をヒアリングしたところ、すでに資料が用意されており、そこには財務的なマネジメントのみならず、カスタマーマネジメントやオペレーションマネジメント、その他セーフ

▲ 2024年３月、自動車整備に関連する国家資格の最高峰「自動車検査員」資格に３名の従業員（うち２名が外国人人材）が合格した

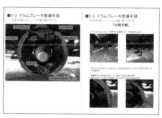
▲育成プログラム「すごトレ」テキストの一部。ドラムブレーキ整備の手順を写真で解説している

ティ、設備など幅広いテーマで会社を良くしようという考えが聞けました」

今期に経営企画部主導で予定されている社長キャラバンは、こうしたやり取りの中でジュニアボードのメンバーの「社員のモチベーション向上のために、社長が各拠点を訪問して声を掛けてほしい」という提案が起点となったと言います。

「活躍の機会を提供することが真のインクルージョンだと思う」と語る田村さんの想いは、23年４月に立ち上げられた技術統括部と同時期に始動したスキルアッププログラムの「スゴメカ」（すごいメカニック）に表れています。整備主任者になるまでの整備マニュアルを10のステップに分けたもので、整備主任者になった後にはメーカー別、部品別のエラー集などが含まれる５つのステップが用意されているそうです。技術統括部はこのようなマニュアル化などを推進する専門チームとのことです。

田村さんは外国人人材の活躍と企業の成長について、ご自身の考えを語ってくれました。

151

「外国人人材が増えたことでというよりは、多様なスキルを持った人材が集まったことで当社が成長したとは言えると思います。整備の現場を支える管理部門にも情報システムや経理などの専門人材を雇用しました。そうすると現場のサポート体制も充実する。文化の違いによって想定外の出来事が起きたとしても、『現場で一生懸命に整備する人たちを支えるために私たち管理部門がいる』と言ってくれる人がいる。つまり組織全体の中にスキルの多様性があることが成長のカギになっていると思います」

追加取材の際、田村さんからいづみ自動車を子会社とする持株会社を設立したこともご案内いただきました。ここからも活躍の機会を広げ、「ゆくゆくは社員の中から社長を登用したい」とまで決意する田村さんには、ダイバーシティやインクルージョンの本質に取り組む姿を見せていただきました。

会社概要［2024年4月現在］
設　　　　立：1971年10月（創業1967年8月）
代　表　者：代表取締役社長　田村　圭
資　本　金：1120万円
従 業 員 数：82名（2024年4月1日現在）
売　上　高：約14.5億円（2024年2月末現在）
本 社 所 在 地：千葉県市原市
主な事業内容：大型商用車（タンクローリー、ウィング、トレーラーなど）を主とした車検・点検・一般整備・電装・特装架装・鈑金塗装／トレーラー、タンクローリーなどの大型車の車検、定期点検、一般整備／普通乗用車の整備／小型車、大型車の電装取付や整備
企 業 理 念：■ミッション
整備作業を通じて、物流業界を支え、人々の社会生活の根底を支え、社会に貢献いたします。
■経 営 理 念
1．私たちは、お客様に満足いただける真心を込めたサービスで、安全でより快適に安心できるお車を提供いたします。
2．私たちは、自動車整備を通じて、故障・事故・公害・騒音の社会的マイナス要因の少ない環境創造のお手伝いをします。
3．私たちは、社員と共に学び共に育ち、共感し、心も満たされる環境の場を実現します。
4．上記をもって、地域オンリーワン企業を目指します。

株式会社ハピネット

♯組織の拡大　♯M&A　♯ビジョン浸透

［2022年6月号掲載］

M&Aで拡大した組織の相互理解と愛着を促す

　近年、国内のM＆A（企業の合併・買収）は増加傾向にあり、2023年1月3日の『日本経済新聞』によると、22年に日本企業が関わったM&Aは過去最多の4304件でした。事業領域や組織文化などが異なる複数の企業が一つの組織となる、M&Aによる統合を成功させるには、従業員の心情に配慮し、文化の融合や情報共有を円滑に促す働き掛けが肝要となります。

　株式会社ハピネットは、1969年の設立当時は玩具卸の個人商店でしたが、その後20社以上の企業との合併や子会社化を進め、2022年（3月期）時点では連結売上高2824億円、連結従業員数944名の規模にまで拡大してきました。現在は玩具、映像音楽、ビデオゲーム、アミューズメントの4分野を事業領域とするエンターテインメント総合商社となっています。

　本稿は同社の経営企画室経営企画部経営企画チームの大嶋ゆきみさんと渡辺愛理さんにハピネットが進める社内コミュニケーションの取り組みについてお話を伺いました。

■社内イントラネットを交通整理

　20年8月に社内イントラネットをリニューアルした経緯について、大嶋さんは次のように語ってくれました。

　「リニューアル前は、イントラネット上にあらゆる情報がまとまって格納

されていました。業務に関連する情報や社内掲示板、ウェブ社内報など、目的の異なる情報が混在した、"なんでもかんでも入っている状態"でした。そこでほかの情報と区別し、社内広報に特化したサイトを新たに立ち上げることになりました」

　ほかの情報と線引きされた社内広報用のウェブサイトは、「ハピネステーション」(以下、ハピステ) と新たな名称を冠してスタート。閲覧する従業員と双方向のコミュニケーションを可能にするために、コンテンツマネジメントシステム (CMS) が導入され、投稿された記事に対して、いいねボタンやコメントなど、リアクションができる機能などが盛り込まれました。

　「刷新前のウェブ社内報は従業員に閲覧されているか否かを確認することができず、それゆえにウェブ社内報の評価もできなかった」と、大嶋さんは当時の課題に触れ、リニューアル以降はアクセス数などによる分析が可能になったと教えてくれました。

　同社ウェブ社内報のリニューアル時期と、新型コロナウイルス感染症の拡大が顕著になりつつあった時期が重なっている点について質問すると、

　「コロナ禍で在宅勤務を推進したため、それに伴うコミュニケーションの課題もゼロではありませんでしたが、リニューアルの一番の目的は、従業員エンゲージメントの向上でした。会社のことを知ってもらい、好きになってもらい、そして業務に邁進してもらいたいという考えが背景にあります」

　社内広報の強化は、コロナ禍にかかわらず取り組むべき課題と認識していたとのことでした。さらにコロナ禍の環境変化に対しては、チャットなどのツールを拡充して対策を講じたそうです。

■お互いを理解し合う「双方向性」

　社内広報への取り組み方は企業によって差がありますが、一般的には、対外広報やIRより優先度が低くなる傾向にあるようです。経営側が社内広報の課題認識を持ってはいても、人的・財務的資源を投資するまでには至らない企業も少なくありません。大嶋さんによると、ハピネットがウェブ社内報

◀ 通称「ハピステ」として親しまれているウェブ社内報「ハピネステーション」

▲ ウェブ社内報「ハピネステーション」の連載企画「他己紹介リレー」の一例

をリニューアルした20年度の広報体制は4名で、対外広報・社内広報のほか、IR・CSRも担っていたそうです。このような体制と業務分掌の中で、同社が社内広報にも重点を置いた背景には、20社以上の企業とM&Aを行ってきたことがあるようです。

　「従業員は自分自身の業務や組織に誇りを感じていますが、他部門のことになると"何をやっているのか知らない"というのが実情でした。異なる組織だったこともあり、商習慣も違うため、従業員エンゲージメントの強化が必須でした」

　この課題にどのように取り組んだのでしょうか。ウェブ社内報の企画や取材を担当する渡辺さんに、経営企画チームが主導する代表的な連載企画と狙いなどを紹介いただきました。

◆他己紹介リレー…1回に3名ずつ従業員をリレー形式で紹介。今期で連載4年目。部門の垣根を越えて、従業員同士がお互いを知り、社内コミュニケーションを活性化し、組織への帰属意識を醸成するのが狙い

◆社内履歴書…役員の社内での経歴や趣味、社員へのメッセージなどを履歴書風にまとめて紹介。20年度に実施。組織内の縦の関係性を強化するのが狙い

◆売れ筋・期待商品トップ3…四半期ごとに、各ユニットや子会社の前四半期の売れ筋商品と、現在の期待商品それぞれのトップ3を、画像と担当者の一言コメントを添えてランキング形式で紹介。今期で連載3年目。他部署の取り組みを知ることでシナジー効果を期待

　これらの企画の背景には、M&Aを経て一体感のある組織にしたいという

経営側の想いがあったようですが、ウェブ社内報の読者であり、企画の協力者でもある従業員からはどのような反応があったのか気になるところです。

渡辺さんは「今回挙げた企画はどれもアクセス数が高い」としつつ、その中でも特に「売れ筋・期待商品トップ3」は、従業員から「この情報が欲しかった」「商談の際に使えるかもしれない」などの声がたくさん寄せられたとのこと。「広報の目的と従業員のニーズが一致した」と手応えを感じたそうです。さらに、21年度からは「広報が行く！ハピネットグループ横断の旅」と題した企画がはじまりました。

「人や商品ではなく、ユニットや子会社独自の取り組みを紹介するものとして、グループ内のシナジー効果を高め、ゆくゆくは従業員のほうから"この企画で取り上げてほしい"と声が掛かるようにしたいのです」
と話し、ウェブ社内報が組織にもたらす効果や価値に期待を込めている様子でした。

また、社内コミュニケーションの双方向性を実現する取り組みは、経営企画チームが主導する企画だけではないようです。リニューアルでCMSを導入したことで投稿を見直し、各部署からの投稿のしやすさが向上。広く組織全体が情報発信に関わる、参加型のウェブ社内報を実現したそうです。

「各部署からの投稿が増え、リニューアルの目的の一つは達成しつつあると言えます。しかしその一方、投稿される記事が増え、新しい記事が積み上がることで、少し前の投稿が埋もれるという新たな課題を解決する必要が出てきました」

大嶋さんの言葉からは、さらなる改善に向け、意欲的に取り組む様子もうかがえました。そして「社内広報は手間がかかり継続するには胆力も必要」と、経営企画チームの苦労にも触れつつ、次のように語ってくれました。

「ウェブ社内報の企画で、グループ内の知らなかったことに出会うことができます。従業員が互いの良いところを参考にし合い、新しい発想を生み出してほしい。そのために経営企画チームの結束を強めて引き続き取り組んでいきたいと考えています」

［2023年12月追加取材］

\Update!/
ハピネットの現在とこれから

■長期ビジョンとバリュー浸透プログラム

　ハピネットは2022年4月に打ち出した、10年後の目指すべき姿である長期ビジョンと、長期ビジョン達成のための3か年の取り組みである新中期経営計画（以下、新中計）で、全事業での川上・川下領域施策の展開を進めています。その象徴とも言えるのが、2023年4月から6月にかけて実施したTOBによる株式会社ブロッコリー（以下、ブロッコリー）の連結子会社化です。ブロッコリーは女性向け恋愛ゲーム「うたの☆プリンスさまっ♪」を筆頭とするIP（知的財産）コンテンツ作品の実績やノウハウを有しており、中間流通業で台頭してきたハピネットとのより深い連携が期待されています。

　創造的成長を中期ビジョンのテーマに掲げたハピネットは、長期ビジョン・新中計の発表と共に、その達成に向けた共通の価値観となるバリューを制定し、それを組織内に浸透させるための「ビジョン浸透プログラム」を開始させました。この活動について、事務局を務めた経営企画チームの渡辺愛理さんと田中章常さんが追加取材に応えてくれました。

　「当社にとってビジョン浸透を目的とした全社的なコミュニケーションのプログラムを進めるのは、今回が初めてです。1年目の22年度は、まず社員個々人が自分の強みを知るためにライフラインチャートを作成し、グループでディスカッションを行って、自分の強みを深掘りしてもらいました。その後、中長期ビジョンとバリューの背景やそこに込めた想いを事務局から資料を用いて説明した上で、中長期ビジョンを実現したハピネットがどんな姿になっているかをワールドカフェ方式のグループワークで話し合いました。バリューについても、バリューを発揮している行動とはどういうものか、自分の業務に落とし込んだ時に何ができるか、を考えてもらいました」と、渡辺さんと田中さんを含む事務局が札幌、東京、名古屋、大阪、福岡で全37

157

▲浸透プログラムのワークショップの様子

お互いがぶつからないように速度を調節！

▲物流部門での新しい機械導入の動画を撮っているところ

回にわたってプログラムを実施したことを紹介してくれました。

　プログラム実施2期目となる23年度は、カンパニーごとに設定された10年ビジョンの浸透に向け、事務局が用意した基本プログラムを各カンパニーの推進担当者が適宜アレンジや追加をし、社員がより自分の業務と関連させてビジョンを考えられるようにプログラムを進めているそうです。

　渡辺さんからは「他のカンパニーがどのようなプログラムを行っているか分からない、という意見が出たため、カンパニーが実施するプログラムに事務局メンバーが参加し、写真を撮ったり、メモをとったりして、それをまとめた推進レポートを発行するようにしました。全10回のレポートを『ハピステ』で発行する予定です」と、横の情報流通を活性化するための工夫を伺いました。

■ウェブ社内報『ハピステ』の進化

　前述のとおり、ブロッコリーの連結子会社化等の事業上の変化が著しいハピネットでは、グループの一体感を醸成する場としてウェブ社内報「ハピステ」が活用されています。現在は動画による投稿も活発化しているそうで、

　「物流部門が新しい設備やロボットを導入した際にはその様子を『広報が行く！ハピネットグループ横断の旅』の中で、動画で紹介した」
との話がありました（渡辺さん）。

　年に1回実施しているアンケートでは、機能面の利便性向上に関する意見

や「他部門がどのような商材を扱っているか詳しく知りたい。他部署が何を
やっているかもっと発信してくれたら業務連携なども進むのではないか」と
いう意見が出ているなど、ウェブ社内報を業務に活用したい前向きな姿勢が
垣間見えると、田中さんは社員の意識の変化を実感されているようでした。

　そして、インターナル・コミュニケーション活動を通じて、どのような組
織にしていきたいか、自身の業務への使命感を語ってくれました。

　「トップダウンもボトムアップもどちらかだけが強い状態ではなく、いい
塩梅を保ち続けることが事業を進めるうえで大事だと思う。それを支援でき
るインターナル・コミュニケーションの力も大きいと考えているので、その
関係性を強固に、かつ柔軟にしていきたい。カンパニー制ゆえの横の関係性
の課題に対しても、インターナル・コミュニケーションが解決できるところ
だと思う」

　ハピネットの媒体活用ときめ細やかな全社的な浸透プログラム等の取り
組みは、M&Aがもたらした各社の価値や強みを創造的成長に活かすために、
情報の流通や従業員同士の交流などとが重要であることを再認識させてくれ
ました。

会社概要［2024年4月現在］
設　　　　　立：1969年6月7日
代　　表　　者：代表取締役会長兼最高経営責任者　苗手　一彦
　　　　　　　　代表取締役社長兼最高執行責任者　榎本　誠一
資　　本　　金：27億5125万円
従 業 員 数：連結940名　単体395名（2023年3月31日時点）
売　　上　　高：連結3072億円　単体1579億円（2023年3月期）
本 社 所 在 地：東京都台東区
主な事業内容：玩具、遊戯用具の企画・製造・販売／映像・音楽ソフト等の企画・製作・販
　　　　　　　　売／ビデオゲームハード・ソフト等の企画・制作・販売／玩具自動販売機
　　　　　　　　の設置・運営／アミューズメント施設用商品等の販売
企 業 理 念：■グループビジョン
　　　　　　　　私たちはハピネス・ネットワーキングを展開し、／エンタテインメント・スタ
　　　　　　　　イルの創造により／人々に感動を提供し、夢のある明日をつくります。

株式会社SmartHR

♯組織の拡大　♯ビジョンの浸透

［2022年7月号掲載］

社風を象徴するオープンな社内報

　近年、社内報が社外に公開されるようになってきています。その理由や狙いは企業によって異なると思いますが、私はその活動の背景に、社内・社外それぞれの課題やニーズがあると考えています。

◆社内の課題：組織の規模が大きい、もしくは拡大していることにより、情報が隅々まで行き届かない

◆社外に対するニーズ：事業についてステークホルダーの理解・協力を迅速に得たい

　社内報公開による透明性の高いコミュニケーション活動が、組織内外にもたらす効果を探るために、その代表格とも言える株式会社SmartHRに活動の背景やメリットなどを伺いました。SmartHRは2013年に設立されたクラウド人事労務ソフトを企画・開発・運営・販売する企業で、22年現在の登録企業は5万社を超えています。設立時は2名だった社員も、9年間で正社員数595名の規模へと拡大（22年5月時点）。今回スポットライトを当てる同社の活動は、19年3月29日よりソーシャルメディアプラットフォーム「note」上で公開している、「SmartHRオープン社内報」です。

■社内報の社外公開に対する期待

　取材にお応えくださった、マーケティンググループ広報ユニットの山王千

聡さんは、オープン社内報を立ち上げた背景について、次のように語ってくれました。

「当時、2つの課題がありました。1つ目は、求職者に向けて当社で働く魅力を伝えられていないこと。2つ目は、急激に社員数が増えて組織の規模が大きくなった時期だったため、社員が自社の取り組みや、各部署の取り組み内容を把握することが難しくなっていたことです。そこで、人事と広報のメンバーで検討し、社内報を外部に公開してみることにしたんです」

SmartHRでは、それまで社内報を運用した実績はなかったと言います。そんな状況で社外に公開することが前提の社内報を立ち上げるのは、一般的に考えると少しリスクが高いように感じます。山王さんはその当時の意思決定について、

「『まずやってみて、もしニーズがなかったら柔軟に運用を考えよう』とスタートしました。当社のバリューに『早いほうがカッコイイ』『ワイルドサイドを歩こう』という項目があり、リスクよりも挑戦してみる判断につながったと思います」

と、同社の価値観を紹介してくれました。また、今日に至るまでの課題や取り組みについても教えてくれました。

「スピード感を持ってはじめてみたものの、当時は他社の事例などもなかったため、運営や更新の方法が定まらず苦戦したこともありました。現在は、社員が社内報に書きたいテーマを見つけたらアイデアや目的を書き込めるスプレッドシートを設置し、円滑に管理運営しています」

社内報をオープンにしたことによる影響の多くは、ポジティブなものだったと言います。SmartHRのオープン社内報のメリットを4点挙げてくれました。

◆SmartHRのオープンな社風に対して社外の読者からポジティブな反響が届くこともあり、社員も自社の良いところを再認識する機会となっている

◆「社外の人が知り得た情報を社員が知らない」という状況が生じにくい。情報は全て開示されていることが前提となり、社員も自ら能動的に情報を

取得する傾向にある

◆書き手となる社員は、記事が外部に公開されることを意識して執筆するため、読者に伝わりやすい文章を心掛けるなどの良い意識が生じている（運営メンバーだけでなく、全社員が書き手になることができる）

◆求職者に対して社内の雰囲気や働き方のイメージを伝える機会となり、入社後のカルチャーミスマッチを防ぐことができる

■円滑な意思決定を支えるもの

SmartHRがオープン社内報を立ち上げる際に、意思決定の拠り所とした同社のバリューは現在7つになっています。

◆自律駆動

◆早いほうがカッコイイ

◆最善のプランCを見つける

◆一語一句に手間ひまかける

◆ワイルドサイドを歩こう

◆人が欲しいと思うものをつくろう

◆認識のズレを自ら埋めよう

このバリューは、創業メンバーが仕事をする上で大事にしていた価値観を15年6月に明文化した初代のバリューから、アップデートし続けているものだそうです。

「バリューは日常的に意識する行動規範であることから、状況に応じてチューニングし続けてきました。『どうしたらSmartHRがうまくいくか』から逆算し、『勝つための行動規範』に寄せてバージョンアップを行ってきました。バリューは社員の判断基準になるものという位置づけで、ミッションである『社会の非合理を、ハックする』を叶えるために必要な行動指針と定義しています」

と山王さん。この価値観は、人事評価にもひもづいていることも教えてくれました。加えて、SmartHRは自社のカルチャーとして「オープン」「フラッ

▲2022年上期の全社キックオフで配布された
「お楽しみBOX」

「SmartHRオープン社内報」のトップ画面 ▶
（アクセス日：2022年6月7日）
https://shanaiho.smarthr.co.jp/

ト」「遊び心」を人事にしています。これらは創業当初からずっと大事にされ続けている価値観でもあり、組織作りにおいてとても重要視されています。カルチャーとバリューは密接につながっており、例えば「『情報』と『価値観』がそろえば自律駆動を促すことができる」という考えの下、持っている情報をオープンにすることを大事にしているそうです。

「基本的にオープンな場でやり取りされており、経営会議も社員なら誰でも視聴することができます。現場レベルで円滑に意思決定ができるよう、社員への権限委譲も可能な限り行われています。原則、ダイレクトメッセージは使用せず、社内のほとんどのやり取りがパブリックな場で行われています」

と、同社のカルチャーを象徴するエピソードを紹介してくれました。

また、ミッションを社内で共有するために半期ごとに行う「全社キックオフ」は、昼と夜の2部構成で、夜の部ではゲームやオンラインでの交流会を実施。社員の自宅に郵送される「お楽しみBOX」は、コミュニケーションデザイングループのメンバーを含む運営メンバーで「イベントの実施目的」と「遊び心」を大事にしながら毎回多くの議論を経て、準備されているそうです。そのこだわりから、毎回社内でも話題になるのだとか。

社員の日々の行動を方向付けるバリューと自律駆動を促すカルチャーを、コミュニケーション活動を通じて連動させ、組織内外に訴求するSmartHR。

コミュニケーションが組織の成長に欠かせない重要な機能であることを裏付けているように感じました。

［2024年1月追加取材］

\Update! /
SmartHRの現在とこれから

　前回取材から1年半後の現在、あの「オープン社内報」は2022年9月で休刊となっていました。その理由をお聞きした今回の追加取材は、SmartHRの企業姿勢とカルチャーがもたらす同社独自の意思決定がはっきり見えてくるものでした。

■大切にしている"やめる判断"

　「22年春に『オープン社内報』の見直しを行いました。実態調査を行ったところ『入社前に社風を知るために読んでいた』という声が多数でした。それはスタート当初の狙いの一つでもあり、多くの社員も愛着を持っており継続を希望していましたが、社内報本来の目的にはマッチしていないことから、検討の結果、休刊する判断に至りました」（山王さん）

　開始から数年、好評な施策であっても"社内"報としては見直す決定に至ったとのこと。この判断のプロセスは、オープン社内報の最終回で克明に説明されています。それも含めて、SmartHRらしい大胆さと緻密さが伝わってきます。

　「当社は"やめる判断"もとても大事にしています。何となくうまくいっているから続けるということを好みません。あらゆる施策の現状が、その目的や存在意義から乖離していないかを常に問い続け、躊躇せず見直します」（山王さん）

　SmartHRの「早いほうがカッコイイ」「最善のプランCを見つける」などのバリューが、このような本質的で迅速な判断を生んでいることが垣間見えます。

　また、オープン社内報を休刊させても、そのほか多彩な社内コミュニケー

全社キックオフ▶

「SYNK」:"SY"NC(同期する)×THI"NK"▶
（考える）＝SYNK。月1回のボードメンバ
ーズトークの様子

ション施策が常にアップデートしながら機能していることも教えてくれまし
た。具体例として挙げられたのが広報部が主体となって実施する週次の全社
集会「SYNK」です。これは全社員がオンラインで参加するもので、現在の
会社のさまざまな状況や情報を同期する機会になっています。30分と短時
間ながら、そこでは良いニュースだけでなく、そうではないニュースも率直
に伝えられ、事業の状況を全員が自分ごととして捉えることが重視されてい
ます。月1回は「SYNK」を"ボードメンバーズトーク"として行い、経営メ
ッセージを全社に浸透させる機会にしているそうです。

　前回取り上げた半期ごとの「全社キックオフ」は、会社の今後の方向を共
有する場。従来は社員の満足度向上を意識して実施されていましたが、その
目的も24年上期から見直され、現在は社員の士気向上にシフトされました。
高い事業目標を発表する際には社員の意識がネガティブに振れないようにメ
ッセージをチューニングしたりプログラムを調整するなど工夫していると、
山王さんは語ってくれました。

■インターナル・コミュニケーションが指し示す"現在地"

　組織が大きくなっても、「オープン」「フラット」「遊び心」という SmartHRのカルチャーを大事にし続けたい、と山王さんは続けます。そのためには、現在起きている課題だけではなく、これから起きる課題を予測して対応することも広報の役割の一つだと話してくれました。

　「『我々はどこから来て、どこにいて、どこへ行くのか』。ゴーギャンの絵画ではありませんが、会社が向かう未来と現在の位置を、社員が理解し共感できる状態にすることで事業成長は加速していくと考えています。そして、その共通認識の形成は広報の役割だと思っています」

　そう話す山王さんの所属する広報部門は24年度からCEO直下となり、経営におけるインターナル・コミュニケーションの重要性が高まっていることがうかがえます。

　SmartHRは自社のソフトウエアに対するユーザーの声を聞き、チームの垣根を越えて、その課題解決に向き合うことを大切にしています。ユーザーが求める機能をできる限り細分化して、小さい単位で早く提供することを常とする姿勢は、対外的な場面のみならず、社内の活動にも表れており、結果として密なコミュニケーションがもたらす機動性を実現していると感じました。

会社概要[2024年4月現在]
設　　　　立：2013年1月23日
代　表　者：代表取締役 芹澤 雅人
資　本　金：9990万円
従 業 員 数：1100名（2024年3月時点）
年間定期収益：150億円（2024年2月末時点）
本 社 所 在 地：東京都港区
主な事業内容：労務管理クラウド「SmartHR」の企画・開発・運営・販売
コーポレートミッション：well-working
　　　　　　　労働にまつわる社会課題をなくし、
　　　　　　　誰もがその人らしく働ける社会をつくる

コニカミノルタ株式会社

＃グローバル・インターナル・コミュニケーション　＃バリューの浸透

［2022年8月号掲載］

グローバルで従業員エンゲージメント向上を

　インターネットの普及や資金調達の広がり、働き方の多様化などにより、企業のグローバル化が進展しています。さらに、グローバルに価値・サービスを提供するビジネスモデルや、新興企業が勢いを増し、多くの企業が自社の国際競争力を意識せざるを得ない状況です。新たな価値創造や企業価値向上に取り組む日系グローバル企業は、どのように社内コミュニケーションを工夫しているのでしょうか。コニカミノルタ株式会社広報部インナーコミュニケーショングループの勝村朋子さんと眞下裕司さんにお話を伺いました。

　コニカミノルタは、コニカ（1873年創業）とミノルタ（1928年創業）が、2003年に経営統合して誕生した企業です。両社の祖業であったフォト・カメラ事業は06年に撤退を発表しましたが、約150年間培われてきた技術は活かされ、現在では、オフィス用複合機などの製品・サービスを提供するデジタルワークプレイス分野やインダストリー分野など、幅広く事業を展開しています。

　また、経営統合以前からコニカ、ミノルタそれぞれが培ってきた、海外での販路や生産のネットワークも今日まで引き継がれています。直近の海外売上高比率は約8割、連結従業員数約3万9000名の7割以上が外国籍という、非常にグローバルかつ多国籍な企業です。

167

■グローバルで円滑な意思疎通を

　コニカミノルタには、特筆すべき社内コミュニケーションの取り組みが２つあります。一つは季刊グループ報の『Global Magazine』です。グローバル従業員に配布されるグループ報は、日本語・英語・中国語で展開し、会社の方向性を伝える記事や先駆的な取り組みの特集企画、国や地域別の取り組みなどが紹介されています。勝村さんは、グループ報の変遷について次のように説明してくれました。

　「03年に日本語版のグループ報の発行を開始し、続いて08年に英語版を、09年に中国語版も開始しました。当時はそれぞれ表紙デザインが異なり、内容についても、日本と海外で異なる情報が掲載されていました。しかし、13年から表紙と内容をほぼ統一し、17年には完全に統一するに至りました。これにより情報格差をなくし、一体感を醸成しています」

　働き方変革が進む中、現在はウェブ社内報を主体にして展開しているとのことです。

　そしてもう一つの取り組みは、「コミュニケーションコーディネーター活動」です。国内のグループ会社各社と各部門から任命されたコーディネーターが約100名おり、所属する組織の情報をグループ全社に伝えています。また一方で、コーディネーターはグループ全社の情報を所属組織へ伝える役割も担っています。

　「企業の競争力を高めるのは、モチベーションアップと組織を超えた連携機会の創出です。だからこそ、コミュニケーションは重要です」
と勝村さんは話します。

　「06年にこの活動を開始した当初は、グループ報の情報収集が目的でした。しかし08年以降は、社内SNSの『Co・Co・NET』を中心に活動しています。コーディネーターが自部門の情報を集めて投稿し、読者は『いいね』を付けたり、コメントを送ったりできるようになっています。ここでは、目立たないところで頑張っている従業員や、各部署のちょっとした取り組みな

◀3言語で発行されているグローバル報
『Global Magazine』の表紙、裏表紙

　ど、親しみや一体感につながる情報を中心に発信しています。14年にコニカミノルタの信条でありDNAを表した『6Values』が誕生した際には、この『Co・Co・NET』を通してさまざまな『6Values』実践事例を発信することで、トップダウンだけでなく、ボトムアップによる理念の浸透を進めることができました」

　海外の従業員とは、どのように情報共有を行い、関係性を深めているのか伺ったところ、眞下さんは次のように教えてくれました。

　「社内ポータルサイト上のコンテンツを見ると、どうしても日本から発信する情報が多くなりがちです。そのような状況を改善するために、海外のグループ会社からグローバルコーディネーターを、さらにそれを地域ごとに束ねるキーコーディネーターを選出し、彼らと連絡を取り合うことで情報交換を行っています」

　このような活動を積み重ねてきた結果、「6Values」はかなり浸透しており、現在でも各地域における「6Values」を体現した取り組みを、グループ報で紹介しているそうです。

▲2022年度 国内のコミュニケーションコーディネーターのみなさん

■活動の積み重ねがもたらすもの

　「これらの活動により、私たちのコミュニケーション活動は確実に定着してきており、現在では『グループ報に取り上げてほしい』という声も寄せられるようになりました。掲載依頼の連絡をすると、多くの人から喜びの声が寄せられます」
と眞下さんは言います。さらに、今後のビジョンについて勝村さんは、

　「目指すべきところは、『従業員エンゲージメントをいかに高められるか』です。その実現のために、グローバルレベルでのトップダウン、ボトムアップコミュニケーションをさらに強化したいと考えています。そして、それらをいかにタイムリーに行えるかを次の課題と捉えています」
と語ってくれました。

　経営統合から23年には丸20年を迎えるコニカミノルタが、グローバル企業として市場でプレゼンスを上げている背景には、競争力に貢献する企業と従業員、従業員同士の連携を進めてきたことがあり、それが価値の源泉となる企業文化の醸成につながっていると感じました。

　また、グループ報やコミュニケーションコーディネーター活動といった、

国内外の意思疎通を円滑に図るための活動に早期から取り組み、継続してきたことは、「朝令暮改」も当たり前な環境変化の激しい時代における、従業員の「肚落ち」を伴った変化対応を着実に進めるインフラとも言えるのではないかと考えます。

\Update!/ コニカミノルタの現在とこれから

［2024年1月追加取材］

2023年にコニカミノルタは創業150周年を迎えました。同年に4回発行された『Global Magazine』でも、これまでの歴史を事業分野ごとに振り返るコーナーなど、150周年に関連する特集が設けられたそうです。

「従業員に歴史を振り返ってもらいたいというだけでなく、それが今と将来につながっていることを感じてもらいたいと考えました。当社はカメラとフィルムからはじまった会社で、現在それらは事業としては存在しませんが、今ある当社の技術につながっていることを実感できるよう工夫しました」（広報部の坂本さん）

■グローバルな巻き込みの進化

また、グローバル従業員の相互理解を推進する動きの一つとして、23年から『Global Magazine』の新コーナーとして「Trailblazers」が開始されたそうです。「個の輝き」をテーマに、さまざまな現場で活躍している人、幹部やリーダークラスのみでなく若手も含めて幅広く人選し紹介しています。

原稿を作成するプロセスも見直し、国内の広報部門で全記事を作成していたところから、現地の担当者からの寄稿記事の導入もはじめたとのことです。海外各地で社内コミュニケーションを協働するグローバルコーディネーターに、このような場面で人選や寄稿を担当してもらうことで、各地の現場の臨場感が記事に反映され、それが読み手の共感を得ているようです。

「どうしても本社である日本からの発信が多くなりがちである」と勝村さんはグローバル・コミュニケーションを推進する中での課題点を教えてくれ

▲「CEO LIVE！」での質疑応答の様子

ました。その状況を改善するための試みとして、グローバルにメッセージを発信する際に、日本で作成した文章を単純に翻訳するのではなく、要旨やポイントなどを事前に共有して欧米のマネージャーと一緒に原稿を作成してもらったそうです。その結果、現地で高揚感のわくような文章が出来上がったという手ごたえを感じた、と話してくれました。

■双方向＆ボトムアップの動きも進化

前述のコミュニケーションコーディネーターの動きも活発化しているとのこと。全社に自部門のことを知ってもらおうと「Co・Co・NET」活用のニーズは増加しており、前回取材時よりもコーディネーターの任命者は増えているそうです。こうした社内SNSの活用においては、「全社的なルールは権利侵害の防止など最低限必要な項目にとどめ、現場の主体性が損なわれないように配慮している」と教えてくれました。

そして、経営と社員の対話にも、新たな試みがあったことが紹介されました。

「経営トップからの四半期決算結果の社内向け説明会は、管理職以上を対

象に行われ、そこから現場に伝えてもらう形が恒例でしたが、23年度からは経営トップによって全社員へ直接説明するスタイルの『CEO LIVE！』に切り替えました。広報部とIR室の若手メンバー数名が、説明会の内容を社長と一緒に検討するところからはじめました。例えば、『幹部クラスなら聞き流せても一般社員はひっかかるであろう』ポイントを社長に解説してもらう構成にした例もあります」（広報部の坂本さん）

また、CEO LIVE！では、その場で社員から寄せられた質問に社長が回答する機会が設けられています。従業員アンケートの結果などからもポジティブな反応が見られたようで、「経営の課題意識を現場に持ち帰って議論してみたい」という声も寄せられたそうです。勝村さんは、

「会社は変革期にあり、信頼と自信を回復していこうとしている。だからこそ、社員が会社の方向性と自分のやっていることを理解して、個として輝けること、未来への期待を感じられる状態になるよう働き掛けていきたい」と、今後の活動への意欲を語ってくれました。

コニカミノルタのグローバル・インターナル・コミュニケーションは、各地の担当者を巻き込み、現場の臨場感やコンテキストをチューニングするプロセスに妙があると感じました。こうした組織内のネットワーク構築や連携は、組織の大小にかかわらず、情報収集や信頼醸成などのためにもぜひ強化していただきたいと思います。

会社概要［2024年4月現在］
設　　　立：1936年12月22日（創業1873年）
代　表　者：代表執行役社長兼CEO　大幸 利充
資　本　金：375億1900万円
従 業 員 数：連結4万15名（2024年3月末現在）
売　上　高：連結1兆1600億円（2024年3月末現在）
本 社 所 在 地：東京都千代田区
主な事業内容：デジタルワークプレイス事業／プロフェッショナルプリント事業／ヘルスケア事業／インダストリー事業
経 営 理 念：新しい価値の創造

株式会社クボタ

#イノベーション　#ビジョンの浸透　#従業員エンゲージメント

［2022年9月号掲載］

ビジョンの実現に向けコミュニケーションを改革

　農業機械で認知を高め、現在は農業ソリューションカンパニーへと発展した株式会社クボタは、2021年2月に公表した長期ビジョンの中で、社会課題の解決に向けたコミットメントや具体的な取り組みを定めています。

　この長期ビジョンの実現に向け、クボタでは組織横断的にインターナル・コミュニケーションの強化を進める動きがあるそうですが、組織横断的に取り組むとなれば、経営のコミットメントがその背景にあることが推察されます。この点について重点的にお話を伺いました。取材にお応えくださったのは、専務執行役員　人事・総務本部長兼コンプライアンス本部長の木村一尋さん、秘書広報部広報課社内広報グループ長の舩橋淑さん、同課の山本祐人さんです。

■製品販売からソリューション提供へ

　クボタがインターナル・コミュニケーションを強化した背景には、3つのポイントがあるそうです。

　「1つ目は、長期ビジョン『GMB（Global Major Brand）2030』を公表した際、当社社長の北尾裕一は、モノ作りを中心とした事業に加え、ソリューションビジネスを強化していくと、ビジネスモデルを拡充する必要性を語りました。課題解決のためのソリューションを提供するとなれば、さまざまな

事業や組織の各機能と連携をとり、シナジーを発揮することが求められます。2つ目は、ESG経営を中期経営計画の中心軸に据え、重要事業の一つとして、これまで以上に従業員の成長や働きがいの向上を進めていきたいという考えがあります。そのためには、双方向のコミュニケーションをより促さなければなりません。3つ目は、約18年間で海外売上比率が70％以上となり、国内外でM&A（企業の合併・買収）がたびたび行われ、それらをドライブしていく人財を確保するためにキャリア採用が活発になりました。こうしたことから、多様なバックグラウンドを持つ従業員と進むべき方向を合致させたい、という考えがあります」

と、木村さんは言います。

　さらに、21年に従業員を対象として行われたエンゲージメント調査の結果が芳しくなかったことも、インターナル・コミュニケーションの強化を後押しする要因になったとのことです。

　クボタの取り組みは、まさに「経営課題に寄与するインターナル・コミュニケーション」と言えますが、対象が社内の人間同士のコミュニケーションであるがゆえに難しい面があると筆者は考えます。以前、筆者に寄せられた企業からの相談の中には、「イントラネットのアクセス数が低い」「全従業員に共有してほしいニュースなどをアップしても、閲覧してもらえない」などがあり、その原因を探ると、従業員が「お客さま第一。社内は二の次」「イントラネットを読み込むほど暇じゃない」と考え、インターナル・コミュニケーションの重要性が理解されていない実態がありました。

　クボタにおいても、舩橋さんが「私が知る限りインターナル・コミュニケーションを全社プロジェクトとして取り上げたことは、過去にはないと思う」と言うところから、同じような課題があった可能性が推察されます。この課題を解決するために行ったことについて、次のように紹介してくれました。

　「21年9月から社長の北尾裕一と副社長の吉川正人が、定期的に毎月タウンホールミーティングを行っています。参加した従業員からは『体験談を交

えた生の声を聞くことができた』『経営層とつながることでモチベーションにつながった』『業務以外の話を聞いて視野が広がった』など、ポジティブな反応が返ってきました」

そのほかにも、経営企画部と秘書広報部などが連携して動画による経営方針の社長メッセージなどの発信も行ったそうです。

クボタの従業員数は、グローバルで4万名以上います。タウンホールミーティングを毎月行ったとしても、全従業員にメッセージを直接届けることはできないでしょう。また、仮にできたとしても、タイムラグが生じてしまうことが想像されます。しかし、直接会話する対面のコミュニケーションだけでなく、離れた場所にいる従業員にも動画というメディアを使って、肉声や仕草から発せられる、「単なる情報以上のメッセージ」を伝えようとするなど、経営層が率先してコミュニケーションの強化を宣言し、行動したそうです。その結果、インターナル・コミュニケーションを強化する理由に説得力が増したのではないかと考えます。

■あちこちで顔をのぞかせる「本気の度合い」

クボタは中期経営計画の中で、「ステークホルダーとの関係性」を図のように示しました。「オープンかつ透明性のある姿勢で、今まで以上にステークホルダーとのコミュニケーションを拡充・強化しながら、クボタグループに対して『共感』と『参画』いただける関係性を構築していきます」としており、ステークホルダーとの"ありたい関係性"が明示されています。

「ステークホルダーとの関係性は社内に限ったものではありませんが、社内・社外に共通して目指しているのは、当社の社会貢献性への理解浸透です。地域の方からは『ここにクボタがいて良かった』、従業員からは『クボタで働いて良かった』と言ってもらえる存在でいたいと思いますし、多くの方に参画していただくためには、私たちの想いを発信していかなければいけないと考えています」

と、舩橋さんはコミュニケーションの重要性について語りました。

クボタのインターナル・コミュニケーションの改革について山本さんは、

「経営課題の解決に貢献するという明確な軸を持っている活動で、そこから派生してさまざまな取り組みへと広がっています」

と、グループ社内報や社内ソーシャル

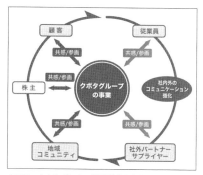

▲ステークホルダーとの関係性を示した図

メディアなども積極的に活用していると教えてくれました。また、「経営課題の解決はプロジェクト全体の背骨とも言える」と山本さんが説明する背景には、プロジェクトのキックオフ以前に取り組んだ、社内の関係部署への傾聴などがあったようです。

この準備段階について舩橋さんは、以下のように振り返りました。

「広報の課題だけでなく、人事およびESGを推進する部門などの課題についてもヒアリングし、議論をする中で、共通の課題が浮き彫りになっていきました」

これまでは部門ごとにコミュニケーションの課題に取り組んでいたそうですが、今回のプロジェクトが全社プロジェクトとしてスタートし、課題を共有したことによって、組織の中でも存在感を示しているような印象を受けました。今後の取り組みについて木村さんは、

「まずは、従業員エンゲージメントを向上させることを重視しています。そして次のステップでは、事業を越えて従業員同士がお互いを知り、意見を出し合ってシナジーを生むような風土を醸成することを目指します。さらには、これらをグループ会社や海外の拠点においても広げていきたいと考えています」

と語りました。

社内・社外にかかわらず、企業コミュニケーションのあるべき姿は経営課題の解決に寄与するものであり、そこには経営のコミットメントが不可欠と考えます。しかし現実には、経営から十分な理解や支援を受けられないケー

スも多々あるように思います。経営が掲げるビジョンや経営課題とコミュニケーション活動をひもづけて語ることで、活動の存在感が変わる余地があるということを、クボタの事例を通じてご理解いただけたのではないでしょうか。

\Update! /
クボタの現在とこれから

［2023年12月追加取材］

　前回の取材から1年と数か月、舩橋さんと山本さんにその後の状況を伺いました。

　2021年9月にスタートした社長の北尾さんと副社長の吉川さんによるタウンホールミーティングは現在も継続しています。当初はコロナ禍のためオンラインで開催し、21年度は約100名、22年度は約400名の従業員が参加しました。実施後の無記名のアンケートには「役員の考え方や経験に共感できた」「自分の成長や仕事に対する意識を高められた」など、参加して良かったと答える回答が多かったそうです。また、全役員がそれぞれの立場で積極的にタウンホールミーティングを開催しています。

　この活動はマスメディアでも「古い大きな会社がこのような取り組みを行っている」という文脈で取り上げられる機会もあったそうで、社外への訴求機会にもなっていると言います。

　現在も続く経営層による積極的な対話活動について舩橋さんは「グローバル5万名の従業員と直接の接点を持つには至らないが、この対話が社内に定着してきた実感がある。今後も継続していく」と語り、この成果として対象者のエンゲージメント調査のスコアにも寄与していると教えてくれました。

■熱量やチャレンジを共有して醸成される一体感

　この数年はパンデミックの影響から社内向けの動画配信などオンラインでの施策が多数行われたようです。その一例として、23年6月に開設された北海道ボールパークFビレッジの農業学習施設「KUBOTA AGRI FRONT」

を社内に紹介するため、グランドオープン直前に広報課メンバーが現地を訪問しライブ配信を行ったことも紹介してくれました。

この企画は広報課の若手社員を中心に進められ、社内向けのコミュニケーションとしてライブ配信を行うのは初めてでした。企画に関わった山本さんは次のように語ります。

「配信は平日の昼休みの時間帯。取材した広報メンバーが食レポ風の

▲タウンホールミーティングの様子

▲農業学習施設「KUBOTA AGRI FRONT」を紹介する社内動画配信の様子

演出を行ったりするなど、現場のリアリティが伝わるよう工夫しました。ライブで視聴していた人数は300名程度で、チャットで質問や反応が送られてきて、全体的に良い反応でした。この実施により、工場の新しい施設や研究所など他の拠点も同じように紹介してほしいという声も寄せられました」

■ボトムアップの発信を強化

前回の取材では経営層がインターナル・コミュニケーションに対してコミットメントを明示し、活動がスタートしたことが中心でしたが、現在は従業員によるインターナル・コミュニケーション活動への関与が増えてきたことも紹介されました。具体的な変化として、これまで広報課からの発信が中心であったグループ社内報や社内ソーシャルメディア上の投稿が各事業所や工場からも自発的に発信することが増えたそうで、それに対する従業員の反応も同じように増えてきているとのこと。このようなボトムアップの発信をさらに強化するため、現在クボタでは各事業所と、グループ会社にそれぞれ「スポークスパーソン」と呼ばれる担当者を配置してもらい、現場からの情報発信を促進する連携強化が進められています。

グローバルで5万名以上という組織規模のクボタ。今後ビジョンの実現に

向けて、どのような取り組みを進めるのでしょうか。舩橋さんに伺いました。

「中長期ビジョンなどで語っている通り、長年『ものづくりありき』のビジネスモデルだったものを、ソリューション提案型のビジネスに拡充しなければならず、それに対して全社一丸となって取り組むフェーズにあります。双方向コミュニケーションに基づく納得感や肚落ち感を醸成していくことは大切なプロセスであると実感しています」

経営ビジョンが大きく変化するタイミングでインターナル・コミュニケーションを強化したクボタの事例からは、経営トップから従業員に対して「変化」の説明責任を果たすことや対話を通じて従業員の声を「傾聴」することの意義を学ぶことができます。

会社概要［2024年4月現在］
創　　　　業：1890年
代　表　者：代表取締役社長　北尾 裕一
　　　　　　代表取締役副社長執行役員　吉川 正人
資　本　金：841億円（2023年12月31日現在）
従 業 員 数：連結5万2608名、単体1万4638名（2023年12月31日現在）
売　上　高：連結3兆207億円、単体1兆2234億円（2023年12月31日現在）
本 社 所 在 地：大阪市浪速区
主な事業内容：農業機械、産業機械、水システム、環境プラント、都市インフラなどの事業
　　　　　　分野のシステム・製品の研究開発・製造・販売およびサービス
企 業 理 念：クボタグローバルアイデンティティ
　　　　　　■スピリッツ（私たちの精神・姿勢）
　　　　　　一．総合力を生かしすぐれた製品と技術を通じて社会の発展につくそう
　　　　　　一．会社の繁栄と従業員の幸福を希って今日を築き明日を拓こう
　　　　　　一．創意と勇気をもって未知の世界に挑戦しよう
　　　　　　■ブランドステートメント（私たちの約束）
　　　　　　「For Earth, For Life」－クボタグループは、美しい地球環境を守りながら、人々の豊かな暮らしをこれからも支えていくことを約束します。
　　　　　　■ミッション（私たちの使命）
　　　　　　人類の生存に欠かすことのできない食料・水・環境。
　　　　　　クボタグループは、優れた製品・技術・サービスを通じ、豊かで安定的な食料の生産、安心な水の供給と再生、快適な生活環境の創造に貢献し、地球と人の未来を支え続けます。

野村ホールディングス株式会社

#DEI　#LGBTQ＋　#リスクマネジメント

［2022年10月号掲載］

LGBTQ＋アライの広がりの影響力

　「令和元年度 厚生労働省委託事業 職場におけるダイバーシティ推進事業報告書」（三菱UFJリサーチ＆コンサルティング）の企業アンケート調査結果によると、「社内において、性的マイノリティが働きやすい職場環境をつくるべきと思うか」という質問に対して、「そう思う」と答えた企業が全体の17.3％、「どちらかといえばそう思う」が55.3％と、7割以上がポジティブな回答をしていました。しかし、「性的マイノリティ当事者や理解者・支援者のコミュニティの有無」については、「いずれもない」が全体の77.4％、「わからない」が20.5％で、性的マイノリティに関する何らかのコミュニティがある企業は少数でした。この調査が示すように企業の課題認識は広がっているものの、具体的に環境変化が進んでいるとはいえないのが実情のようです。

　証券業を中核とする投資・金融サービスなどの事業会社を有する持株会社である野村ホールディングス株式会社（以下、野村HD）では、ダイバーシティ、エクイティ＆インクルージョン（以下、DEI）の取り組みの一環として性的マイノリティ（以下、LGBTQ＋）への理解を呼び掛ける活動を積極的に行っています。

■アライ（理解者）の可視化

　野村HDでは、同盟や味方を意味する「アライ（ally）」、つまりLGBTQ＋

　の理解者となるよう社員に働き掛ける活動に力を注いできました。今回お話しいただいたのは、サステナビリティ推進室ダイバーシティ＆インクルージョン推進課長の大谷英子さんと、ご自身がゲイであることをオープンにしている担当者です。LGBTQ＋アライの輪が広がることの重要性について、次のように語ります。

　「LGBTQ＋当事者の状況を考えると、カミングアウトしている人がまだ少ないのが実態です。公式にカミングアウトはしていなくても、LGBTQ＋であることを私に個人的に話してくれる方はいるのですが、それだけでは会社として当事者の課題を把握したことにはなりません。世の中の雰囲気は変わりつつあるものの、カミングアウトのメリットを感じにくかったり、上司が理解のない人だったらどうしようという不安があったりするのだと思います。外見からは当事者であることを認識できないのと同様に、アライなのかアンチなのかも認識できません。そのため、職場内で『理解者である』ことを可視化することが重要だと考えています」

　筆者の身近にもLGBTQ＋当事者がいます。カミングアウトへの葛藤や、カミングアウトしたことが新たなストレスになっている様子などを近くで見ていたことで、LGBTQ＋当事者を受け入れる姿勢を周囲が先んじて示し、心理的負担を軽減させることが、非常に大切だと感じています。

　野村HDでは、「理解者であることの可視化」の具体的な活動として、アライのステッカーの配布、LGBTQ＋当事者を招いた講演会、社内カフェテリアに「アライになろう！」と提唱するパンフレットを設置するイベントの開催、東京レインボープライド（LGBTQ＋をはじめとするセクシュアル・マイノリティの存在を社会に広め、「"性"と"生"の多様化」を祝福するイベント）への参加などを行っているそうです。

　大谷さんは東京レインボープライドで、LGBTQ＋当事者の子どもを持つ親御さんが、「わが子が将来就職する時に、選択肢としてどのような企業があるか知りたいと思ったので、プライドパレードを見に来た」と話していたエピソードを紹介してくれました。企業としてアライであることを社外に発

信することは、自社の職場環境をより良くするだけでなく、さらに広い範囲のコミュニティで、当事者がより自分らしく生きやすくなる環境を作ることにつながっているようです。

■経営と社員の両軸で活動を推進

野村HDがLGBTQ＋を含む多様性を理解する取り組みを加速させることになった背景には、2008年のリーマン・ブラザーズの事業部門承継があったそうです。大谷さんは次のように語りました。

「この事業部門の承継により、職場は目に見えて多様な空間になりました。さらに、リーマン・ブラザーズにはD&Iの文化が浸透しており、LGBTQ＋だけでなく、女性のキャリアや、子育ておよび介護に直面する社員などを理解しようという、社員が主体となって活動する仕組みがありました。当時、日本でもD&Iへの関心が高まっていたタイミングだったこともあり、その文化を引き継ぐ形で、10年にD&Iを推進する社員ネットワークが立ち上がりました」

15年には、「野村ホールディングス　コーポレート・ガバナンス・ガイドライン」が制定され、「野村グループの役職員が持つ多様性および異なる価値観を尊重し、（中略）すべての役職員が最大限の能力を発揮できる健全な職場環境を構築する」ことが明示されました。また、「多様な社員の活躍推進を経営レベルで全社的に審議する機関」が設置され、広範囲のD&Iに関して、トップダウンによるコミットメントが進みました。

一方、社外のLGBTQ＋当事者にヒアリングを行った際、「相談した上司の理解度によって対応が悪いこともある」という声が寄せられたことを受けて、「LGBTQ＋当事者がカミングアウトした相手や場所で、対応に差があってはいけない」という意図から、「トランスジェンダー対応ガイドライン」が策定されたそうです。さらに、国内全社員が受ける人権研修の内容にLGBTQ＋に関する項目が追加されるなど、全社レベルで理解浸透が図られたと言います。

22年現在、「女性活躍推進」「健康・介護・育児」「多文化・LGBTQ＋・障がい者」の、３つの社員ネットワークに登録する社員の数は約2000名との

▲東京レインボープライド2022「プライドフェスティバル」への参加に際し、レインボーフラッグに応援メッセージを書き込む社員

こと。組織や部門を越えたコミュニティをコロナ禍で運営する苦労がある中、リモートによるイベントを先駆けて開催したのは、コミュニティのメンバーだったそうです。

「多様なメンバーがいるから、多様な価値やリスクを見いだすことができ、新しいことにチャレンジできたのかもしれません」
と、大谷さんはイベントについて振り返りました。

多様性への取り組みによって期待されるのは、社員の職場環境を良くすることだけではなく、新しい環境や市場ニーズに対応する組織力の向上であると、野村HDの事例が示していると感じました。野村HDのウェブサイトによると、日本の人口の約5％がLGBTQ＋当事者であるとされています（割合は諸説あり）。LGBTQ＋当事者を企業として理解しようとする姿勢や、理解者を可視化する活動を示すことは、約5％のマイノリティを尊重する組織の意志、つまり、対象者の数の多寡にかかわらず、多様な社員一人ひとりを尊重するという組織の意志として、社内だけでなく野村HDに関わる多くの人々に安心と信頼を届けているのではないかと思います。

\Update!/
野村ホールディングスの現在とこれから

[2024年1月追加取材]

LGBTQ＋に関連した新しい取り組みとして『LGBTQ＋ユースのための自分らしいライフプランとお金の話』という冊子が作成され、学校の授業やキャリアセンターなどでの活用を通じて啓蒙活動が行われているとのことです。自社での理解推進のみならず、社会への積極的な働きかけがうかがえます。

▲冊子『LGBTQ＋ユースのための自
分らしいライフプランとお金の話』　▲「DEIエグゼクティブライブ」の様子

　野村HDはLGBTQ＋の理解推進のみならず、従前から女性活躍や健康、育児、介護、多文化、障がい者、キャリア人材など、幅広くDEIに取り組んできました。さらに2023年度後期からは人事評価にDEI課題設定を追加し、社員全員がより自分ごととしてDEIを考えられるように働き掛けています。

■トップが実体験を語るDEIとビジネス

　DEIに対する経営のコミットメントについて、大谷さんはあるエピソードを教えてくれました。

　「社内のトークセッションで『DEIエグゼクティブライブ』というイベントを不定期で開催しています。23年11月に行われた5回目となるセッションでは、奥田グループCEOが『DEIはイノベーションとリスクマネジメントの高度化につながる取り組みである』と強調しました。奥田グループCEO自身が海外現地法人の社長を経験した頃に、海外での自分のマイノリティを自覚したことや多国籍なメンバーを率いるマネジメントを経験したこと、多国籍な構成の取締役会で多様な意見や質問が出されることによって組織が強くなっていっていることなどを実体験と共に語りました。参加者のアンケートで寄せられた社員の反応や率直な意見も良い内容だったので、この動画を管理職向けの研修教材に加えることにしました」

奥田グループCEOはイントラネット上の社員とのコミュニケーションでもDEIを実践していると言います。社員が奥田グループCEOに、カジュアルなものから仕事にまつわるものまで幅広い質問を投げ掛けるコーナーが設けられており、奥田グループCEO本人がその全てに丁寧に回答されているそうです。「それがアーカイブされ、社員はそれを見て『こんな質問をしていいんだ』と思えるようになり、組織の基盤である心理的安全性が作られる」と大谷さんは語ります。「新しい考えの種やちょっと違うのではないかという疑問を持ち、それを発言できる環境というのは、いろいろな角度からものを見ることができる人たちがいなければ実現しないと思う。今後もさまざまな活動や研修を通じて視野が広がる機会を提供していきたい」とのことでした。

今後さらにDEIに力を入れていく予定の企業には、野村HDのように多様性と心理的安全性が対であることを認識いただき、経営層を含め組織全体あるいはステークホルダーも視野に入れて取り組んでいただきたいと思います。

会社概要［2024年4月現在］
設　　　立：1925年12月25日
代　表　者：代表執行役社長　グループCEO 奥田 健太郎
資　本　金：5944億9300万円
従 業 員 数：2万6850名（2024年3月末現在）
売　上　高：2兆4867億2600万円（2023年3月末現在）
本 社 所 在 地：東京都中央区
主な事業内容：国内証券最大手の野村證券を中核とする投資銀行・証券持株会社。世界の主要な金融・資本市場で証券業を中核とする投資・金融サービスを提供、顧客の資金調達・資産運用を総合的支援
企 業 理 念：■パーパス
　　　　　　　金融資本市場の力で、世界と共に挑戦し、豊かな社会を実現する
　　　　　　　■経営ビジョン
　　　　　　　Reaching for Sustainable Growth
　　　　　　　■わたしたち一人ひとりの価値観
　　　　　　　「挑戦」変化を尊重し、成長への情熱と勇気を持って挑戦を続ける
　　　　　　　「協働」新たな価値を生み出すために、多様性を尊重し、組織や立場を超えて協働する
　　　　　　　「誠実」高い倫理観のもと、正しい行動をとる誠実さと信念を持つ

株式会社フジ・リテイリング
(2024年3月に株式会社フジに合併)

♯防災　♯危機時の判断力　♯コミュニティとの関係作り

　わが国は地震や豪雨などの災害が多いことに加え、近年は感染症の蔓延や電力不足など、事業継続をおびやかすリスクも高まり、事業者には事業継続計画（以下、BCP）の策定や点検を行うことが期待されています。

　内閣府の「令和5年度 企業の事業継続及び防災の取組に関する実態調査」によると、BCPは「策定済み」と回答したのは、大企業では76.4％、中堅企業では45.5％でした。業種別に見ると、金融・保険業が76.6％で最も高く、小売業34.7％、宿泊業、飲食サービス業27.2％と、規模や業種で差があることが分かります。

［2022年11月号掲載］

理念が導く地域防災のリーダーシップ

　株式会社フジ・リテイリングは、南海トラフ地震の発生が懸念される中国・四国地方を中心に、102店舗のチェーンストアや大型ショッピングセンターなどを展開する総合小売企業です。同社はかねて、「地域防災のリーダー役を担う」としてさまざまな取り組みを行っています。防災に力を入れる理由や防災意識の社内浸透策について、人事総務部人事課長の村岡大輔さん、総合企画部経営企画課長の柴野哲寛さん、同部の小池伸知さんに伺いました。

■大震災に備えBCPを策定

　フジ・リテイリングがBCPの策定に取り組み始めたのは、2011年3月11日に発生した東北地方太平洋沖地震がきっかけだったそうです。事業エリア

外で発生した地震とはいえ、従業員の安否確認をはじめ、物流などへの「影響は大きかった」と、当時仕入担当だった柴野さんは振り返ります。

「当社は常にお客さまの安全を守ることに重点を置いているため、従前から災害対策の取り組みとして緊急事態対応マニュアルを各店舗に配布していました。しかし、あのような大地震が発生した場合には、お客さまが被害を受ける危険性があると考え、翌4月からリスク管理委員会を中心に災害対策の検討を開始しました」

フジ・リテイリングがBCP基本方針を策定したのは同年9月。その後、重要業務の選定を経て、復旧時間など重要業務が受ける被害の想定などの検討が進められ、BCPが完成したのは検討開始から約1年が経過した12年9月頃でした。完成と同時に全店で共有し、102店舗の店長への説明が行われたそうです。

東北地方太平洋沖地震の発生翌月からBCP策定に向けて動き出し、翌年には全店舗への共有を完了させるスピード感は、同社の環境変化や危機への対応力を表していると感じます。

■店長はみな、防災士

13年には、各店舗の店長やマネージャーが、日本防災士機構が認証する防災士の資格を取得する取り組みを、人事部が主体となって開始。村岡さんは「当時、愛媛県や当社の本社を置く松山市が防災力を高めることを目的として、防災士の資格取得を企業や団体に推奨していたことも後押しになった」と、地域全体が防災意識向上を目指していた状況を説明してくれました。初年度は13名の従業員がこの資格を取得し、22年4月時点では計435名が資格を取得済みとのことです。

防災の基礎知識を習得した店長に期待することとして、村岡さんは各店舗での防災教育を挙げ、個々人の防災に関する意識や知識の向上を重んじる背景を語ってくれました。

「各店舗の従業員に防災の必要性と緊急性を伝えるには、身近なリーダー

である店長から『私たちのお店をご利用いただいているお客さまのため』であることを、正しい知識を持って語ってもらうことが重要です。有事の際は本部の判断を待たずに、各現場で臨機応変に判断しなければならないことが少なからず出てきますから」

各従業員には防災ハンドブックを配布。店舗ごとに異なる避難所や緊急連絡先などの情報が記載できるようになっており、年4回の防災訓練や防災月間に、内容を確認する機会が設けられているそうです。

「この街に、あって良かった。」

これは、フジ・リテイリングのコーポレート・スローガンです。小池さんはこのスローガンを冠したプロジェクトが18年に立ち上がったことに触れ、

「各店舗が主体となり、地域との関係強化のためのプロジェクトを企画しています。ある大規模商業施設では、防災イベントとして地元消防局の協力も得て、お客さまと一緒に避難訓練を行ったこともあります」

と、安全・安心の啓蒙をしつつ、お客さまも楽しめるように工夫された活動例を紹介してくれました。

■何より大切なのは目の前のお客さま

このような取り組みを進めていた中、平成30年7月豪雨災害（通称：西日本豪雨災害）が発生。南予地区にある店舗に避難されてきた方に店長の判断で炊き出しが行われたこと、被災していない地域の従業員が、被害の大きかった広島や愛媛へ自らボランティアで支援に行ったことなどのエピソードを紹介してくれました。

「当社には『豊かなくらしづくりを目指す』『地域社会の発展に貢献する』『人々を大切にする』という3つの理念があり、目の前にいらっしゃるお客さまや地域のために考え、臨機応変に動く文化が根付いています。食品や衣類を取り扱うため、『お客さまが口にして安全、袖を通して安全』という小売業としての安全意識が基盤にあります」

と、柴野さんはBCPの有無にかかわらず、フジ・リテイリングに備わってい

▲ジュニア防災リーダークラブがスーパーの防災を
　学ぶ様子。全ての世代に切れ目のない防災教育を
　目指している

▲お客さま参加型の防災訓練の様子

る考え方であると述べました。さらに、

　「私が店長だった頃、お客さまの多くは近隣の方で、ほぼ毎日顔を合わせ、お話もしていました。万一営業中に災害が起きたら、その方々を逃すために必死になるだろうと想像します」

と、お客さまとの距離が近いことも話してくれました。

　フジ・リテイリングは有事に備えて地域との連携をさらに強化しようと、松山市の防災危機管理課と組み、防災に関する動画を社内イントラネットで従業員に視聴してもらう取り組みを行ったり、地域の小中高生が参加する「ジュニア防災リーダークラブ」を店舗に招き、店舗での防災に関する取り組みを学んでもらったりするなど、活動の幅を広げているそうです。

　近年の経営環境を「VUCA」時代と呼ぶことがあります。VUCA は Volatility（変動性）、Uncertainty（不確実性）、Complexity（複雑性）、Ambiguity（曖昧性）の頭文字で、1990年代に軍事用語として登場し、2010年ごろよりビジネス界でも近代の経営環境を表現する言葉として使われるようになりました。

　さまざまなリスクが、経営者にも従業員にも不安の影を落としていると感じます。「備えあれば憂いなし」という言葉があるように、BCP策定やそれに付随する取り組みを平時に整え、有事の際に従業員一人ひとりが判断・行動するための基盤とすることが不可欠だと考えます。さらに、信頼関係は「1日にしてならず」。顧客や取引先などのステークホルダーから、「有事の際に

頼りにしたい」「有事でも事業を継続してほしい」と期待される企業でいるためには、社内のBCP策定にとどまらず、有事の際に助け合える関係性を平時に構築すべきではないでしょうか。フジ・リテイリングの取り組みを、防災意識の浸透という社内コミュニケーションの好例としてだけでなく、VUCA時代のブランディングの好例としても参考にしていただけたら幸いです。

\Update!/ フジ・リテイリングの現在とこれから

［2023年12月追加取材］

　2023年11月、フジ・リテイリングの親会社である株式会社フジは、本社を24年３月１日に松山市から広島市南区段原南に移転すると発表しました。フジは22年３月にマックスバリュ西日本との経営統合を行い、共同持株会社を設立。24年３月１日には本社移転に加えて、主力子会社のマックスバリュ西日本とフジ・リテイリングを合併し、統合会社を発足させます。

　この大きな組織変更について小池さんは「小売店の数でいうとフジ・リテイリングで約100店舗、マックスバリュ西日本で約380店舗、関連子会社で約20店舗と、500店舗を超える規模になる。フジ、マックスバリュ、マルナカ、ザ・ビッグの屋号は残すことになっている。合併後の基本戦略は、企業文化の確立、既存事業の改革、事業インフラの統合とシナジー創出。また地域向けのプライベートブランド商品や留め型商品（メーカーが特定の小売業向けに製造する商品）の開発などを進めていく」とスケールメリットを活かす取り組みが予定されていることを教えてくれました。

　企業文化の確立に関しては「新生フジ誕生」として、両社から従業員約50名がブランドを理解する活動（ブランド・セッション）に参加して、新たな「企業スローガン」「行動指針」などの策定を行っているそうです。

　前回取材した「地域防災のリーダーシップ推進」に関しては、「防災士を取得する従業員がその後も毎年20名程度増加しており、合併後はマックスバリュ西日本などのグループ会社にも拡大することを検討している。防災というテーマで地域に貢献していくことについては、経営層から全従業員に向

▲24年1月30日に行われた本社移転と統合会社設立の　　▲ブランドセッションの様子
　記者会見の様子

けての社内報等で情報発信がされたり、店長以上が集まる政策会議の中でも触れらたりしている」とのことでした。

　このように大きな組織変更があったフジ・リテイリング改めフジは、地域の課題に取り組む「この街に、あってよかった。」プロジェクトを引き続き推進させるべく、今回統合したグループ会社の環境整備に着手したそうです。

　防災を含む企業文化を広げようと動き始めたフジ。今後は地域に根差した企業としてコミュニティとの関係づくりに尽力してきた知見を、その規模の拡大とともに広げ、中四国での信頼をさらに盤石なものにしていくのではないでしょうか。

株式会社フジ会社概要［2024年4月現在］
設　　　　立：1967年
　　　　　　（2024年3月1日、株式会社フジ・リテイリングは株式会社フジに合併）
代　表　者：代表取締役社長　山口　普
資　本　金：220億円
従 業 員 数：4万8817名（月給制6985名、パート・アルバイト4万1832名、2024年2月末時点）
本 社 所 在 地：広島県広島市（本店：愛媛県松山市）
主な事業内容：総合小売業（食料品、衣料品、日用雑貨品等の小売販売）
企 業 理 念：・私たちは、豊かなくらしづくりを目指します。
　　　　　　　・私たちは、地域社会の発展に貢献することを目指します。
　　　　　　　・私たちは、人々を大切にする企業を目指します。

株式会社日立製作所

♯グローバル・インターナル・コミュニケーション　♯アイデンティティの浸透

［2022年12月号掲載］

世界約37万名が社会イノベーションに挑戦するために

　近年、転職や副業、リモートワークの浸透など、働き方の多様化が進んでいます。働く人にとっては選択肢が広がった環境下で、企業に所属する意味や意義を問う機会も増えたのではないでしょうか。転じて企業側にとっては、多様な選択肢を持った社員のリテンションや、新しく参画した組織および社員との理念・価値観の共有などの課題が浮き彫りになったと言えます。企業と働く人の双方の考え方や取り巻く環境が変化するのに伴い、社内コミュニケーションへの期待が高まっていると感じています。

　株式会社日立製作所（以下、日立）は、「優れた自主技術・製品の開発を通じて社会に貢献する」という企業理念の下、連結子会社数853社、連結社員数約37万人（2022年3月31日時点）の規模で、社会課題の解決に資する事業を展開しています。今回お話を伺ったのはインターナルブランディングを推進する、グローバルブランドコミュニケーション本部コーポレートブランド部長の杉田梨愛さん、部長代理の儀賀由衣さん、主任の大須賀翠さん、高畑佑允さんです。

　「デジタルシステム＆サービス」「グリーンエナジー＆モビリティ」「コネクティブインダストリーズ」などの事業分野におけるソリューションビジネスは、時には国境や組織をまたぐプロジェクトになることもあり、一つのプロジェクトに多様なバックグラウンドを持った社員が関わることが一般的で

す。事業の複雑性に加え、M&Aでさらに組織が拡大した日立の社内コミュニケーションから、組織としての一体感をどのように醸成できるか、そのヒントを探ります。

■**原動力としてのアイデンティティ**

日立には、創業から110年以上にわたって受け継がれてきた企業理念や、創業の精神（和・誠・開拓者精神）があります。さらに13年に、将来のあるべき姿を描いたビジョンが制定され、それらを体系化した「日立グループ・アイデンティティ」（以下、日立GI）が発表されました。09年3月期に約7800億円の赤字が計上された後、V字回復を果たした頃のことで、その後日立は成長軌道を進み続け、今日に至ります。

杉田さんは日立GIの策定プロセスを次のように説明してくれました。

「ビジョンが定められた13年は、赤字からの回復期を経て、成長フェーズへと切り替えていくタイミングであり、『2015中期経営計画』が発表されたタイミングでもありました。世界中の社員が一丸となって同じ方向を向くために、将来のあるべき姿を明文化する必要性を感じていました。経営幹部や海外拠点も加わり、約半年間にわたって100回以上の密度の濃い議論を重ね、日立GIを完成させたのです」

2022年現在、日立の海外比率はグループ会社が約8割、社員が約6割。海外売上構成比率は、10年前の41％から65％に増加しています。ブランドコミュニケーション施策を、経営戦略に即してグローバル基準で整えていたことが、グローバルでの事業成長の一助になったことは想像に難くありません。

日立GIの浸透策としては、ブランド表彰制度「Inspiration of the Year Global Award」（以下、IYGA）が代表的なものとして挙げられました。

「日立GIを体現し、ブランドの価値向上に大きく貢献した活動を表彰するもので、グループ内で共有することにより、社員の日立ブランドに対する意識向上と、『One Hitachi』の意識醸成を目的としています」

と、儀賀さんが概要を説明してくれました。もともと日本のみで行っていた取り組みを、13年からグローバルで実施するようになり、世界を6つに分けた各リージョン（地域）で、募集や審査、グランプリの選定などが行われています。

各リージョンで選ばれたグランプリ受賞チームの代表者は、グローバル表彰式のために来日。関連イベントとして、社長との座談会やブランドワークショップ、創業の地訪問などから成る「ブランドアンバサダープログラム」にも参加し、帰国後にはアンバサダーとして社内外で講演するなど、幅広い活躍が期待されます。

さらに「I am Hitachi」という日立GIムービーで、ブランドアンバサダー自身が「日立GIをどう実践したか」を語り、日立で働く誇りと情熱を社内外に広く発信しています。

地理的に離れている社員とのコミュニケーションに関して、日立ではコロナ禍でも「つながり」を創出・維持しようと、社内オンラインイベントの開催など、オンラインの活動が試みられていました。このような場所や空間にとらわれないインターナルブランディングの施策拡大は、変化する環境への対応をポジティブに昇華させた好例と言えるでしょう。

■リージョンとの協働を心掛ける

表彰制度の訴求は、M＆Aで新たにグループに入ってくる企業に対しても、PMI（Post Merger Integration；経営統合プロセス）の一環であるブランド教育の中で行っています。このような取り組みの成果として杉田さんは、

「22年度のIYGAへの応募数は298件ありました。数年前と比較すると100件ほど増加しており、近年は特に海外からの応募が増えています」

と言います。

また、高畑さんは時系列でまとめた日立GI浸透策の全体像を示し、日立GIの制定と共にスタートしたブランド講習会の開催や、ブランドブック（7言語）の作成、公式ウェブサイト内に日立GIサイトを立ち上げたことを

▲IYGA2022世界6地域のグランプリ受賞者が出演した「日立グループ・アイデンティティムービー」https://www.youtube.com/watch?v=8HaOmsuNBWk

　紹介してくれました。さらに、頭で理解するだけでなく心に訴えるコンテンツとして、「I am Hitachi」の映像が生まれたこと、最近は社内SNSでの投稿を通じて社員の双方向のコミュニケーションも生まれていることなども教えてくれました。

　これまでのお話から、多岐にわたる接点での日立GIの訴求、いわばトップダウンの取り組みと、IYGAへの応募を通じて、日立GIの実践を共有・賞賛するボトムアップの機会との両方が、重層的に継続されていることが分かりました。

　では、グローバルブランドコミュニケーション本部では、この重層的な活動をどのようにグローバルで円滑に進めているのでしょうか。

　「主要なリージョンにはコミュニケーションの専任担当者がいて、各リージョンへのメッセージの浸透、IYGAへの応募促進、グランプリの選定などを行っています。IYGAの企画立案や運営の改善などを行う際には、必ずリージョンの担当者に素案を投げ掛け、意見をもらうようにしています」
と、実務で意識している点が儀賀さんより挙げられました。さらに大須賀さんは、「声をかけるタイミングも重要」と言います。

　「リージョンが本社で決めたことに従っていると捉えられないように、早めに意見を聞くようにしています。そうすることで、良いアイデアを出してもらうことができます」
と、リージョンを尊重する姿勢だけでなく、連携することで得られる利点に

ついても語ってくれました。

　最後に、お話を伺った４名に、社内コミュニケーションに込める想いをお聞きしました。すると、日立GIをグローバルな社員が共有・実践し、社会に貢献することで、「社員の誇りや幸せ」「お客さまとお客さまの先にある社会の幸せ」「幸せの相乗効果」につなげたいとのこと。「幸せ」という言葉が共通して使われていたのです。

　このような想いを持った方々が推進する社内コミュニケーションは、そうでないものと比べて、より深い共感を得られることは間違いありません。広い選択肢を持つ今日の働く人にとって、組織に属する動機の一つが、この「共感」ではないでしょうか。

\Update!/
日立製作所の現在とこれから

[2024年１月追加取材]

　前回の取材から約１年が経った2024年１月、日立では12月に開催20回目となるIYGAを終えたばかりでした。IYGAには各地域それぞれの表彰式と、各地域のグランプリ受賞者を日本に招いて行うグローバル表彰式との２つがあり、その受賞者向けの「ブランドワークショップ」では日本に集まったグランプリのメンバーが創業の地を巡るツアーなども行われています。そのほか、小島社長とのラウンドテーブルの機会もあり、アイデンティティの大切さや今後の事業成長に向けて考えていることなどを意見交換する時間も設けられているそうです。この活動については経営トップ自身も「１年で最も大切なイベントだ」と語っているとのこと。

　さらにグランプリのメンバーは過去の受賞者であるブランドアンバサダーとも交流を行い、「それぞれが自分の地域で今後どのように他者に日本で見聞きしたことを伝えていけるかなどを考えてもらっている」と杉田さんが教えてくれました。「参加者からの前向きな意見が数多く聞こえてくる。インターナル・コミュニケーションを担うチームとして、グローバルな一体感が醸成されてきている実感がある」と、当初日本国内を対象としてスタートし

▲創業の地である茨城県日立市にある「日立オリジンパーク」で、創業までの道のりを映像で視聴するグランプリのメンバーたち

▲ラウンドテーブルの様子：グランプリのメンバーたちと執行役社長兼CEOの小島啓二氏

たイベントが、今やグローバルな取り組みへと発展してきたことについて振り返りました。続けて、杉田さんは次のように語ってくれました。

「IYGA開始から20年が経ち、この取り組みを抜本的に変えたいと思っている。年1回、社員を表彰するというより、より頻繁に社員を賞賛する仕組みやグローバル社員が相互につながるプラットフォームを構築して、AIなどの技術を活用しつつ、より効果的かつ双方向の社内コミュニケーションを実現し、グローバルな日立カルチャーを醸成することで、エンゲージメントの向上を図っていきたい」

他社の事例でも見られるように、社員エンゲージメントを向上させるためにはアイデンティティの浸透などの求心力の向上が不可欠であることは言うまでもありません。しかしグローバル従業員数が30万人を超える日立のような規模では、エリアの広がりや従業員が日頃触れる情報や雑音が規模に比例して多い傾向にあるため、求心力が低下しないよう、その維持に取り組むことも肝要です。

日立では、グランプリのメンバーが創業の地を巡る体験や経営トップとの対話によりアイデンティティを体感し、それをアンバサダーとしての活動を通じて広く社内に共有することが求心力の向上に寄与し、さらに動画などのコンテンツや社内SNSの活用でその維持にも努めています。つまり要点を押さえた的確な取り組みであると言えるでしょう。

会社概要[2024年4月現在]
設　　　　立：1920年2月1日(創業1910年)
代　　表　　者：代表執行役　執行役社長兼CEO　小島 啓二
資　　本　　金：4628億1700万円(2023年3月末時点)
従　業　員　数：連結32万2525名　単独2万8672名(2023年3月末時点)
売　　上　　高：連結10兆8811億5000万円　単体1兆6313億3800万円(2023年3月末時点)
本 社 所 在 地：東京都千代田区
主な事業内容：デジタルシステム&サービス／グリーンエナジー&モビリティ／コネクティブインダストリーズ
企　業　理　念：優れた自主技術・製品の開発を通じて社会に貢献する

富士通株式会社

♯グローバル・インターナル・コミュニケーション　♯DX

［2023年1月号掲載］

変革と利便性が共存するグローカルポータル

　社内コミュニケーション担当者からいただく相談の中でよく耳にする課題があります。それは、「業務で忙しくイントラネットを見る時間がない」「社内で共有される情報が多過ぎて追いきれない」など、社内報やイントラネットのユーザーである従業員からの意見です。社内コミュニケーション担当者には会社の理念や経営戦略の浸透、文化の醸成など、推進しなければならない命題があるため、このような従業員の声に耳を傾けながら、最適解を見いだしていくことが求められます。

　富士通株式会社は、グローバルでの情報共有を推進するにあたり、現状課題や社内ステークホルダーのニーズをヒアリングし、何度も整理した上で方策を絞り込んでいきました。その取り組みをご紹介くださったのは、広報IR室シニアマネージャーの橋本聡士さんと大野貴弘さんです。

■共通の理解で変革を促す

　「グローバル従業員全員が同じベクトルを向くべき」という課題が、富士通社内で提起された背景には、2019年に代表取締役社長に就任した時田隆仁氏が打ち出した「IT企業からDX企業への変身」という宣言がありました。その後、サステナブルな世界の実現を目指す新事業ブランド「Fujitsu Uvance」が策定されたのは21年10月でした。

　Fujitsu Uvanceとは、人々の生活シーンの起点から考えた、クロスインダストリーの領域として、「つくる」を支える「Sustainable Manufacturing」、「使う」を支える「Consumer Experience」、「暮らし」を支える「Healthy Living」、そしてそれらを実行する場を作る「Trusted Society」の４つのエリアと、これらを支えるテクノロジーを担う「Digital Shifts」「Business Applications」「Hybrid IT」の３つのエリアが定義されているとのこと。

　「社会のあるべき姿を起点としたビジネスに、企業として大きくかじを切ることが明示される中、グローバルでの情報共有の重要性がより高まった。しかし実態は、従業員に伝えるべき情報が適切に届いていないのではないか」と考えたという橋本さん。現状を把握するために最初に取り掛かったのは、直近１年間に受信したメールの中から、社内の情報共有を目的としたものが何件、どの部署から、誰に、どのような内容で送信されたのかを分類することでした。また、グローバル従業員全員に情報を共有する際のプロセスやツールが定められていない現状も明らかになりました。そのため、それらを整理し、グローバルでのインターナル・コミュニケーションの最適化案を社長に報告し、情報を集約するポータルサイトを核としたコミュニケーションが検討されることになりました。橋本さんはその時のことを振り返ります。

　「21年12月に、日本のポータルサイトを先行してリニューアルしていたこともありますが、変革の推進が背景にあったため、22年７月中旬に現状を把握し、７月末に社長へ報告。９月にはグローバルのポータルサイトを立ち上げました」

　非常にスピード感を持って取り組んだことが分かります。重視したのは、「グローバルワンポータルではないこと」だと、図を描いて説明してくれました（写真参照）。

　「ワンポータルというのは、左図のようにどのリージョンからも同じものを閲覧するという考え方。当社が今回実装したのは、右図のような考え方で、各リージョンが固有のポータルを維持しながら、そのファーストビュー（ウェブページを表示した際に最初に目に入るエリア）を、グローバル共通にす

▶取材時に橋本さんが示してくれた図。
左がワンポータル、右が今回富士通
で実装したリージョン別ポータル

るというものです。その下のエリアのセカンドビューは、リージョン固有の
情報や機能が掲載されています。人事制度やビジネス特性などもそれぞれ異
なるため、業務上の利便性を欠いてはいけないと考えました」

　この設計に至る過程には、従前から意見交換を行ってきた、各リージョン
の社内コミュニケーション担当者の存在があったそうです。

■グローバルとローカルのバランス

　取材時点（22年11月）では、ポータルサイトを活用したグローバル共通
の情報共有を開始してから約2か月経過していました。この間の運用につい
ては、

　「各リージョンの社内コミュニケーション担当者とウェブ会議を行い、グ
ローバル共通で訴求すべきコンテンツや、英語でのメッセージの出し方など
を協議しました」

と橋本さん。リージョンと綿密な連携を行い、物語性やリージョンを越えて
関心を持たれそうなコンテンツ選定を心掛けているとのことですが、「ポー
タルサイトはただの入口」とも橋本さんは言います。その主要な中身につい
て、「CEOメッセージ」「WEB社内報」という、従前から更新されているコ
ンテンツがあるそうです。現在、WEB社内報を担当する大野さんは、

　「主に日本の従業員向けだった紙の社内報を、20年7月にWEB社内報に切
り替えました。それと同時に、英語でのコンテンツも拡充しましたが、ポー
タルサイトを活用する前は、役員の名前でグローバル全従業員にサイト開設

を案内するメールを数回送信するにとどまって
いました」
と語ります。社内報をウェブに掲載しただけで
は、やはりグローバル従業員との情報共有がス
ムーズに進まなかったそうです。

▲ポータルサイト画面（日本版）

　「現在は１日に３〜４のコンテンツを公開し
ており、社内報になじみがなかったリージョンの従業員の関心も高まりまし
た。また、どのようなテーマに関心があるのか、アクセス数から知ることも
できるようになりました」

　ポータルサイトの活用で、WEB社内報が発展することへの期待が高まっ
ていることが伝わってきます。ポータルサイトはCEOメッセージやWEB社
内報への接点となっているだけでなく、リージョンのポータルサイトや事業
別のサイトなどへのアクセスにも寄与しているようで、組織間の情報流通が
促されたことが分かります。

　「変革する会社がどこへ向かっているのかを、経営からのメッセージだけ
で理解し体感するには限界があります。事業活動のあらゆるところで変化が
起きていることを、事業やリージョンの単位でも発信すべきと考えていま
す」
と、今後取り組んでいきたいことを教えてくれました。また、橋本さんは
「まずは12万を超えるグローバル従業員が毎日見るポータルサイトにした
い」という目標に触れつつ、そこに込める想いを語ってくれました。

　「ポータルサイトは一つの手段にすぎませんが、財務目標に加えて、お客
さまの評価や従業員エンゲージメントの向上など非財務目標もありますので、
まずはそこに貢献したいです。さらに、ジョブ型人材マネジメントの導入、
階層別教育から従業員の自律的な学びへの変革、営業職はビジネスプロデュ
ーサーへと変わるなど、持続可能な社会を作るためのパーパスを中心に起き
ている変化・変革への理解を深め、社内のつながりや連携をさらに推進させ
ていきたいと思います」

　パーパス経営やソリューションビジネスなどの存在感が増す今、「モノからコトへ」と事業の在り方を見直す企業が増えています。事業や働き方を変化させる当事者は、経営陣だけでなく従業員一人ひとりでもあり、その推進には、変化に対応することへの納得感や、変化の中でも業務が円滑に進む安心感などの醸成が欠かせません。富士通の取り組みは、コミュニケーションを変革させる第一歩として、社内のステークホルダーからニーズをヒアリングしたこと、そのニーズに対応した設計を行ったこと、運営においても意思決定が日本本社に偏らない体制を整えたことなどがキーポイントだと言えます。

\Update!/

[2024年2月追加取材]

富士通の現在とこれから

　取材後、富士通のグローバルなポータルサイトはどのように進化したのでしょうか。今回は橋本さんと大野さんに加え、大野さんと共にポータルサイトと社内報での情報発信を担当されている平野あつきさんにも加わっていただき、お話を伺いました。

　平野さんによると立ち上げ当初は5万名弱だったポータルサイトの1週間のユニークユーザーが、2年半を経て約9万人にまで増加しているそうです。その大きな理由として大野さんは「社長メッセージをはじめ、サイトの趣旨理解や活用を促す活動を行ったこと」や「全社共通ポータルサイトを見るように社員のブラウザ設定を変更した」ことを挙げられました。ポータルサイトの閲覧者がこれだけ増えると社内の各部門がその存在を無視できなくなります。そうすると必然的に各エリアからの情報が広報IR室に集約される良い流れが生まれてきていると言います。

　「どのような情報を、どのタイミングで、どのように展開させていくか。社内各部門で発信される膨大な情報を大野さん、平野さんを中心としたチームが“編集”し、戦略的に情報のオペレーションを行う、それが社員の目をポータルサイトに向けさせていると感じます」（橋本さん）

▶グローバルでインターナル・コミュニケーションを
推進するため、海外メンバーとワークショップを実
施

▶社内ポータルサイトに掲載しているニュースをまと
めた動画を社内のデジタルサイネージで放送して
いる

　「私たちは組織の規模が大きく、情報量も膨大ですので、より重要なテーマの記事を集中的に取り上げるなどコンテンツのプライオリティを考慮したり、伝わりやすさに配慮して情報提供したりしています。従来は私たちのチームで戦略的な計画を立てて情報を出すというより、各部門から寄せられた情報をリアクティブに発信することが多かったので、今後はよりプロアクティブかつ戦略的な情報発信ができるようになればとも考えています」（平野さん）

　さらに今後の課題として大野さんが考えているのは、記事を閲覧した社員の評価やエンゲージメントをどのようにポータルサイトの改善に反映させていくかということ。また、ポータルサイト以外の社内コミュニケーション、例えばMicrosoft Viva Engageのコミュニティなどとの連動などについても戦略を立てていく予定だそうです。

　では、3年目を迎えるグローバルなポータルサイトの構築は、果たして富士通の事業成長に寄与する取り組みとなったのでしょうか。そんな問いに対

して大野さんは「もちろんそう思って日々仕事をしています」と即答されました。

「実は先日行ったデータ調査によると、ポータルサイトの閲覧状況と社員エンゲージメントの向上に緩やかな相関関係があるということが見えてきました。どっちが先かというのはもう少し調べないと分からないのですが、仮説としてコミュニケーションとエンゲージメントには密接な関係があると考えています」

続けて橋本さんは

「グローバルに社内情報にアクセスできることで確実に生産性向上につながっていますし、巨大な組織の中でネガティブなものも含めてしっかりと情報発信する会社の姿勢は社員の信頼感につながり、確実にエンゲージメント向上にも寄与している」

と断言されました。

新しいビジネスや組織の変革と共に、社員が必要とする情報も変わり、情報にアクセスするためのプラットフォームに対するニーズも変わります。大きな組織ほど社内コミュニケーションの変革は困難であるのは否定できないでしょう。しかし富士通がいち早く取り組んだポータルサイトを中心とした社内コミュニケーションの変革は、むしろグローバルで大きな組織ほど、その効果が大きいことを示しているのではないでしょうか。

会社概要[2024年4月現在]
設　　　　立：1935年6月
代　表　者：代表取締役社長　時田 隆仁
資　本　金：3246億円（2023年3月末時点）
従 業 員 数：12万4000名（2024年3月末時点）
売　上　高：3兆7137億円（2023年3月末時点）
本 社 所 在 地：神奈川県川崎市
主な事業内容：サービスソリューション／ハードウェアソリューション／ユビキタスソリューション／デバイスソリューション
パ　ー　パ　ス：わたしたちのパーパスは、イノベーションによって社会に信頼をもたらし、世界をより持続可能にしていくことです。

鳥取大学医学部附属病院

♯DEI　♯コミュニティとの関係作り

［2023年2月号掲載］

患者さんと職員に優しい病院を目指す

　2019年末から広がった世界的パンデミックは、人々の日常が医療機関や医療従事者などのエッセンシャルワーカーに支えられていることを再認識させました。同時に、パンデミックの長期化によるエッセンシャルワーカーの負担やワークライフバランスにも、これまで以上に関心が集まったのではないでしょうか。コロナ禍を経験した今、働く人の課題に寄り添った経営を行う医療機関を紹介することで、働く人の幸せと、企業などの組織の発展の双方が追求され続けることを、筆者の願いとしてお伝えしたいと思います。

　その医療機関とは、高度先進医療の提供と地域医療への貢献、「最後のとりで」としての役割を担う鳥取県唯一の特定機能病院、鳥取大学医学部附属病院（以下、鳥大病院）です。病床数697床、職員数1987人、外来患者数は約1500人／日、入院患者数は約600人／日で、これらの数字が病院の規模を示しています。原田病院長にお話を伺いました。

■サステナブルな大学病院であるために

　鳥大病院にスポットライトを当てることになったのは、同院の広報誌『カニジル』から垣間見える、コミュニケーション活動に対するコミットメントの高さでした。雑誌風誌面のデザインセンスの良さもさることながら、毎号3ページを使って職員の仕事や価値観を紹介する巻頭の「鳥大の人々」は、

鳥大病院の職員に対する敬意と誇りが表現されていると感じました。

　原田病院長が現職に就任した際に最初に思ったことは「ブランド力を高める」ことだったそうで、鳥大病院が広報活動に積極的な理由についても教えてくれました。

　「大学病院の継続性を考えた時、一番のカギになるのは優秀な医師や教授がいるということ。そうすれば優秀な学生が鳥大医学部に来てくれる。優秀な医師が集まれば医療レベルも教育レベルも上がり、大学病院全体に好循環が生まれます。東京や大阪などの都市部と比べると鳥取は選択肢に挙がりにくいため、鳥大病院のブランド力を高め、『ここで働いてみたい』『この環境で自分の力を試したい』と思ってもらえる病院にしたいと考えています」

　ブランド力向上は対外的な発信を強化する以前に、その組織にそもそも価値や魅力が備わっていることが前提になります。鳥大病院では広報・企画戦略センターが設置された14年よりも前の10年に、ワーク・ライフ・バランス支援センターが開設され、働きやすさの追求に積極的に取り組んできたと言います。現在は職員食堂や病児保育施設、院内保育所などがあり、24時間体制の大学病院に勤務する職員の家事や育児を支えています。

　原田病院長自身が産婦人科の医師として働いていた頃のことを振り返り、キャリアを継続した女性医師たちは、家事などをヘルパーに依頼していたというエピソードを紹介してくれました。そして、

　「今後は家事代行の制度も導入していきたいと考えています。論文を読んだり、執筆したりすることは相当な時間が必要になり、家事や育児に追われている医師に、そのようなことは求められません。しかし、大学病院は診療と教育・研究を行う場所ですから、どうしたら医師や職員がキャリアを高めていけるのかを考えていきたいです」

と理想の職場についての想いを語ってくれました。

■チームワークや文化の醸成

　鳥大病院では、職員のモチベーションの向上と職員間のコミュニケーショ

ン推進を目指したインターナル・コミュニケーション活動が、19年に開始
されました。

◆ほめるんカード…各職種の管理的立場の職員が院内で頑張っている人に意
　識を向け、その人の良さを具体的にカードに書いて贈る制度

　モチベーションアップと良いところ（行動）の定着を図り、働きやすさ・
働きがいを推進するのが狙いです。実際にカードを受け取った職員からは、
「目の前の仕事をこなすだけで精一杯で、役に立てている実感がなかった。
しかし、それを見てくれている人がいるのはありがたく、うれしかった」
「面識はあるもののお話をしたことはない方から、『いつもありがとうござい
ます』と声を掛けていただいたことに驚きと感動、喜びを感じた。尊敬して
いる方からのお言葉だけにとてもうれしかった」などの具体的な感想が寄せ
られたとのこと。職員同士のコミュニケーションが活性化され、お互いを思
いやる文化が育まれている様子が伝わってきます。

◆ベストプラクティス賞…医療サービスの質向上と組織活性化に資する職員
　発のチーム活動を発表し、表彰する制度

　病院運営に対する職員の関心や意欲を高めることにつながります。21年
は13チームがエントリーし、動画や劇、ダンス（体操）などを取り入れた
発表が行われました。原田病院長もこの賞の発表会を毎年楽しみにしている
そうで、「ベストプラクティス賞は参加チームの『選ばれたい』という意欲
が溢れ、チームワークが醸成されている様子も垣間見える」と言います。

　これらの活動をスタートさせた原田病院長は、インターナル・コミュニケ
ーションへの想いを次のように語りました。

　「私は職員にずっと言い続けていることがあります。それは『患者さんに
優しくしてほしい』ということです。そして、優しい医療や看護を実践する
ために病院として何をすべきかを考えると、『患者さんと職員に優しい病院
であること』という答えが導き出されます。病院が職員に厳しかったら、職
員は患者さんに優しくできませんから」

　原田病院長のこの言葉から、前任の病院長から受け継がれたワークライフ

▲院内保育所に子どもを預ける職員

▲手術部の廊下に描かれたホスピタルアート

バランス支援の充実や、インターナル・コミュニケーション活動は、全てこの考え方にひもづいており、同院の文化として醸成されていることが分かります。

　それを象徴するもう一つの活動が、鳥大病院内のホスピタルアートです。いくつかあるアート作品の制作には、職員も筆を持って参加したそうです。

　「病気になった患者さんやそのご家族は、絶望や悲しみを抱えて来院されます。無機質な真っ白い壁を眺めた時にどう感じるのか、と考え、アートがあれば癒しにつながるのではないかと思いました」
という言葉にも、「優しい病院」であろうとする想いが映し出されていると感じました。

　企業や組織であれば、その経営目標に寄与するインターナル・コミュニケーションを考えるのは当然ですが、その組織を動かしているのは血の通った人間であり、その人たちにはそれぞれの生活があります。鳥大病院の取り組みは、組織の発展を見据えながらも、その発展を支える人の幸せや生活の課題を考慮した「血の通った経営」の実践と言ってよいのではないでしょうか。

　「ほめるんカード」に寄せられた感想が示す通り、言葉で表現しなければ、想いは相手に伝わりません。インターナル・コミュニケーションは、働く人やチームの想いを可視化するところから始まります。読者のみなさんも、身近なところから取り組んでいただけたら幸いです。

\Update!/
鳥取大学医学部附属病院の現在とこれから

［2024年2月追加取材］

　前回の取材からちょうど1年が経ち、2023年4月に新病院長に就任された武中篤病院長にその後の取り組みについてお話をお聞きしました。

■未来を見据えた施策

　職員のワークライフバランスを支援する取り組みは、より発展的に継続しているそうです。家事代行や家事支援サービスは試験的な導入を経て、23年7月に本格的に導入されました。全額を鳥大病院が支給しているわけではなく、上限を定め補助が支給されるというものです。

　武中病院長は「必要な人に必要なサービスが効率的に届くように年1回のニーズ調査を行っている」と、病院経営の難しさも説明してくれました。

　「2年に1回の保険料改定は国が認めないと行えません。国から運営費交付金が入りますが、運営費の全てが入ってきていた昔とは違い、診療による収入だけ。電気代や人件費が上がっても、入ってくるものが変わらない中でこのような職員の支援を効率的に行わなければならない。国からの支援があれば、もっと職員を支援することができるのが本音です。ただ、10年先のことを考えればこのような取り組みを行い、働きやすい職場を提供し人材を確保していく必要がある」

　鳥大病院が職員のワークライフバランスに取り組みはじめた十数年前は、他の大学病院などはあまり取り組んでいなかったと武中病院長は振り返ります。そして現状、同規模の他県では大学病院が人材を確保できずに困っていることに触れながら、「鳥大の医師の確保について現状維持ができている、あるいは少しプラスアルファができているという状況は、これまでの取り組みの成果と言えるのかもしれない」と、健全経営の中でやれることを最大限にやってきた結果を評価しました。

▲外来患者サポートをする「とりだい病院サポーター制度」のメンバー

■病院サポーター制度

　鳥大病院では23年の夏に新たに「病院サポーター制度」をスタートさせました。そこには「ボランティア部門」「モニター部門」「イベント部門」「広報支援部門」の４つが設けられており、サポーターが病院の運営に直接関わる仕組みとなっています。この制度が誕生した背景について武中病院長は次のように語りました。

　「地域に開かれた病院でありたいというのがこれまでずっと大切にしてきている理念です。ただ鳥大は大学病院であるため、先進医療を突き詰めていきますが、突き詰めれば突き詰めるほど地元である米子市の方々にとっては気軽に来る病院ではなくなり、遠い存在になってしまいます。しかし『地域と歩む高度医療の実践』という理念の下、最終的には地域の人たちにとって安心の存在でありたい。現在もホスピタルアートや映画の上映、コンサートなどもやっていますが、こうしたイベントは毎日開催するものではないので、毎日健康な人が病院に足を運ぶような仕組みができないかと考えました。そこで考えたのが病院のサポーター、病院のファンになってもらうというもの。健康な時でも病院に来て、院内を見ていただきたい。鳥大病院にはこんな立派な医療があると知っていただきたい。『自分に何かあった時は、鳥大病院があるから安心だ』という精神的な拠り所につなげてほしいと思っています」

　この制度を地域の方に知ってもらうために、武中病院長自ら地域の団体に出向いて説明をしたり、ビラを配ったり、新聞広告も出したと言います。その結果、現在の登録者は約100名に上り、今後200〜300名規模に増やした

いと考えているとのことです。

　最後に病院内外のコミュニケーションに投資を続ける理由や病院経営への貢献についてお考えを教えていただきました。武中病院長は「病院内外のコミュニケーション活動を積極的に行う理由は医療に対する考え方の文化を醸成するためだと思う。独裁的・独善的な病院は事故やトラブルが起きやすいが、人に優しい文化やお互いに助け合う文化は組織横断的で風通しが良く、チーム医療にも貢献している」と語り、「このような文化を維持することはお金に代えがたい財産である」と締めくくりました。

　鳥大病院は、その理念が示す「地域と歩む」を体現するかのように、院内のみならず地域コミュニティという規模の広義のインターナル・コミュニケーションに積極的かつ中長期に取り組んできました。歴代の病院長たちが理念に即した病院経営に真摯に向き合ってきた証であるとも思います。

会社概要[2024年4月現在]

創　　　　　設：1893年4月1日（鳥取県立病院米子支部病院として）
病　院　長：武中　篤
許 可 病 床 数：697床
患　者　数：外来37万8334名（2023年度）
病 床 稼 働 率：87.63%（2023年度）
手 術 件 数：7202件（2023年度）
職　員　数：2032名（2024年4月1日時点）
診　療　科：第一内科診療科群（循環器内科、内分泌代謝内科）、第二内科診療科群（消化器内科、腎臓内科）、第三内科診療科群（呼吸器内科、膠原病内科）、精神科、小児科、第一外科診療科群（消化器外科、小児外科）、心臓血管外科、胸部外科診療科群（呼吸器外科、乳腺内分泌外科）、整形外科、皮膚科、泌尿器科、眼科、頭頸部診療科群（耳鼻咽喉科、頭頸部外科）、放射線科、放射線治療科、女性診療科群（女性診療科、婦人科腫瘍科）、麻酔診療科群（麻酔科、ペインクリニック科）、歯科口腔外科、薬物療法内科、形成外科、救急科、血液内科、腫瘍内科、脳神経内科、脳神経外科、脳神経小児科、遺伝子診療科、病理診断科群、感染症内科、リハビリテーション科、緩和ケア科、総合診療外来
所　在　地：鳥取県米子市
理　　　　　念：地域と歩む高度医療の実践

213

あとがきに代えて
─インターナル・コミュニケーションは組織に従う

■ICが注目される背景

　近年、広報の実務においても、また研究においても、インターナル・コミュニケーション（以下、IC）が注目されている。その背景にはいくつかのことが考えられる。

　1つ目は、ソーシャルメディアの台頭に伴って、個人一人ひとりが情報の受信者であるとともに発信者にもなれる環境になっていることが挙げられる。企業などの組織（以下、諸団体や自治体なども含めて「企業」と称する）においては、自らの組織についての正しい情報を所属する社員など（以下、職員やスタッフなどの組織構成員を含めて「社員」と称する）と的確に共有していることが必要になってきている。フェイクニュースが溢れる中、正しい情報がICを通じて社員と共有されていることは、誰もが発信者になれる環境下での大前提になっている。特に、最近の企業不祥事の多くは、現場と本社との情報ギャップによって炎上していることが多い。本社としては、発信だけでなく、受信も含めた双方向のICによって現場情報を正しく把握しておく必要もある。

　2つ目は、コロナ禍を経て、オンラインでのコミュニケーションが増えていることが挙げられる。対面での接触が減ることによって、放っておくと個人の遠心力が強くなり、組織と個人の距離が遠くなりかねない現実がある。求心力を担保するためにも、ICの有効性が認識されるようになっている。

　3つ目は、人的資本経営への関心の高まりが挙げられる。マクロ的な人手不足もあり、企業にとっては、リソースとしての人材確保がボトルネックになっている。企業にとって社員は財産であるという企業主体の考え方から、企業は社員という人材から選ばれる客体になってきている。まさに主客逆転

の時代にある。企業が働く人を選ぶ時代は終焉し、個人が働く場所を選ぶ時代になっており、これは元に戻ることはない。個人一人ひとりが、自らのリソースである人的資本を投資し続けるに足る組織であるために、投資先である企業には、社員との間のICを活用して良好なリレーションを構築し維持していくことが求められている。

■ICは組織に従う

このような３つの背景を受けた課題を解決するためにICは有効であり、経営者はICを活用しない手はない。経営学者チャンドラーは、「組織は戦略に従う」という命題を提示したが、「ICは組織に従う」という命題をここに提示したい。激変する環境下における経営課題や組織課題を解決するために有効なIC戦略が必ずあり、それを的確に見つけ出し、やり遂げることが求められている。

日本広報学会が2023年６月に公表した「広報の定義」では、「組織や個人が、目的達成や課題解決のために、多様なステークホルダーとの双方向コミュニケーションによって、社会的に望ましい関係を構築・維持する経営機能である」とされている。この定義から読み取れるのは、広報とは、双方向コミュニケーションを通じて、経営課題を解決する経営機能ということであり、広報の中の大切なひとつの要素であるICは、特に組織課題を解決する有効な経営機能であると言える。

本書では、たくさんの事例を通じて、組織課題を解決したIC戦略のプロセスと成果が紹介されている。

20社以上のM&Aを通じて成長してきている㈱ハピネットでは、PMI（Post Merger integration：企業買収後の統合）の重要施策としてICを位置づけ、双方向性を取り込んだイントラ社内報を活用して成果を上げた。これは、ビジョンの浸透においても有効に機能した。

見違えるような会社に変身した㈱ワークマンでは、余計なことは「しない経営」の下、社員の持つ夢は大切に扱ってそれを傾聴した。経営陣と社員が

それらの夢をもとに対話を進め、社内の一体感を高めるようなICを展開して業態変革を成功させた。

　鳥取大学医学部附属病院では、優秀な医師や医療スタッフを確保しサステナブルな病院を目指して、ブランド力を高めるために、ICを活用した。個人を賞賛する「ほめるんカード」や優れた活動を評価する「ベストプラクティス賞」という報奨の仕組みが機能し、キーパーソンが中核人材となって成長した。地域社会との一体感を構築するフェーズを目指せるようになってきたことにより、病院職員だけをICでいうインターナルの対象としただけにとどまらず、病院に通う患者さんの住む地域社会までをもインターナルの対象にしたようなICが展開された。

■IC成功のカギは報奨と対話（R&D）

　このような成功したIC戦略の事例が本書ではたくさん紹介されているが、これらの活動を鳥瞰してみると、２つの要素がIC成功のキーファクターになっているように見える。

　一つが「報奨」の仕掛けである。インターナルに包含される個人や彼らの優良な活動を明示的に「褒める」ことの大切さである。人間誰しも褒められて喜ばない人はいない。それを明示的に行うことは、昔ながらの日本人的な感覚とはそぐわない部分があるかもしれないが、あえて明示的に褒めることは有効そうである。

　もう一つが「対話」の仕掛けである。組織のトップ、企業でいえば社長や経営陣が、その組織を構成する個人との距離を近くして双方向で濃密なコミュニケーションをすることは重要である。本書の事例からも明らかなように、トップは自身の方針や考えを発信することに注力するのではなく、現場で働く人たちの生の声を傾聴し対話することは有効そうである。

　「報奨」という言葉は、欧米の研究論文などでは、Recognitionという英語で表現されており、「対話」という言葉は同じく、Dialogという英語で表現されていることが多い。R&Dという言葉は、主にResearch＆Development、

すなわち研究開発を表すことが通常であるが、ここでは第2のR&Dとして、Recognition&Dialogすなわち「報奨と対話」という言葉をIC成功のためのひとつのキーファクターとして提示しておきたい。

■今後のICに対する2つの論点

これからのICの議論の進むべき先を考えると、2つの論点がある。

一つがインターナルの範囲、すなわち「うち」がどこまでかのテーマである。我々が好んで使う「うちの会社」「うちの地域」という表現の中の「うち」の表す範囲は、会社であれば正社員だけなのか、派遣社員やパート、アルバイトといった広義の社員までを指すのか、あるいはもっと広く、取引先や常連客までをも指すという考え方もある。自治体のICで指す「うち」は役所の職員だけではなく、在住者までを指す考え方も日常的になっており、在勤者や観光客など広く関係人口までをも「うち」と考えるケースも増えている。

もう一つが、エクスターナルコミュニケーション（以下、EC）との関係性のテーマである。マーケティングの考え方において、企業が顧客に直接アプローチするエクスターナルマーケティングに対して、社員を対象にしたインターナルマーケティングの重要性が叫ばれている。これは、ネット社会になったことも受け、内部者たる社員が顧客に対して自律的に展開するマーケティングの有効性が認められてきていることにある。コミュニケーションの領域においても、充実したICで情報を持った社員など、内部者を通じた顧客や社会に対するコミュニケーションが効果的になる場面が多く見られる。また、ECを通じてメディアで発信された情報が社員などの内部者の心に染み入るようなケースもある。これらの効果はICからECへのブーメラン効果、また逆はECからICへのブーメラン効果とも呼ぶことができよう。

＊

ひと昔前までの社内広報というと、単に「社内報を作る仕事」という狭い捉えられ方をされがちであったが、ICは今や組織課題を解決するには不可

欠な役割を果たすようになっている。組織や社会を動かす立場の人にとって、ICをいかに活用するかが目的を達成するために、また課題を解決するためには不可欠な世の中になってきており、ICを宝の持ち腐れにしないことが経営の巧拙を決める時代になっていることは間違いないだろう。

2024年5月
社会構想大学院大学教授
日本広報学会理事長
柴山　慎一

美奈子・ブレッドスミス

2003年クロスメディア・コミュニケーションズ株式会社にリサーチャーとして入社。出産・育児のため6年のブランクを経て2020年執行役員就任。2021年より代表取締役。「ヒト・モノ・コト」のバランスと社内外両面への影響を考慮したソリューションを強みとし、大手企業や学校法人、中小企業に対して、デジタルメディアの活用を含む対外広報やインターナル・コミュニケーションの戦略策定、運用実行支援を行う。日本広報学会正会員。日本リスクマネージャー＆コンサルタント協会法人会員。

企業と働く人のコミュニケーション
—29社の課題に迫る

著者◆
美奈子・ブレッドスミス

発行◆2024年7月20日 第1刷

発行者◆
駒井 永子

発行所◆
経団連出版
〒100-8187 東京都千代田区大手町1-3-2
経団連事業サービス
電話◆［編集］03-6741-0045 ［販売］03-6741-0043

印刷所◆そうめい コミュニケーション プリンティング